Semester: _____   Exam / Test _____

	00-15	15-30	30-45	45-00
6 AM				
7 AM				
8 AM				
9 AM				
10 AM				
11 AM				
12 AM				
1 PM				
2 PM				
3 PM				
4 PM				
5 PM				
6 PM				
7 PM				
8 PM				
9 PM				
10 PM				

Subjects

1. _____
2. _____
3. _____
4. _____

Color Codes

☐ _____
☐ _____
☐ _____
☐ _____
☐ _____

Topics

☐ _____
☐ _____
☐ _____
☐ _____
☐ _____
☐ _____
☐ _____

Chapters

☐ _____
☐ _____
☐ _____
☐ _____
☐ _____
☐ _____

Semester: _____ Exam / Test _____

	00-15	15-30	30-45	45-00
6 AM				
7 AM				
8 AM				
9 AM				
10 AM				
11 AM				
12 AM				
1 PM				
2 PM				
3 PM				
4 PM				
5 PM				
6 PM				
7 PM				
8 PM				
9 PM				
10 PM				

Subjects

1. _____
2. _____
3. _____
4. _____

Color Codes

○ _____
○ _____
○ _____
○ _____
○ _____

Topics

○ _____
○ _____
○ _____
○ _____
○ _____
○ _____
○ _____

Chapters

○ _____
○ _____
○ _____
○ _____
○ _____
○ _____

	00-15	15-30	30-45	45-00
6 AM				
7 AM				
8 AM				
9 AM				
10 AM				
11 AM				
12 AM				
1 PM				
2 PM				
3 PM				
4 PM				
5 PM				
6 PM				
7 PM				
8 PM				
9 PM				
10 PM				

Subjects

1. _____
2. _____
3. _____
4. _____

Color Codes

- ⬜ _____
- ⬜ _____
- ⬜ _____
- ⬜ _____
- ⬜ _____

Topics

- ☐ _____
- ☐ _____
- ☐ _____
- ☐ _____
- ☐ _____
- ☐ _____
- ☐ _____

Chapters

- ☐ _____
- ☐ _____
- ☐ _____
- ☐ _____
- ☐ _____
- ☐ _____

	00-15	15-30	30-45	45-00
6 AM				
7 AM				
8 AM				
9 AM				
10 AM				
11 AM				
12 AM				
1 PM				
2 PM				
3 PM				
4 PM				
5 PM				
6 PM				
7 PM				
8 PM				
9 PM				
10 PM				

Subjects

1. _____
2. _____
3. _____
4. _____

Color Codes

◯ _____
◯ _____
◯ _____
◯ _____
◯ _____

Topics

☐ _____
☐ _____
☐ _____
☐ _____
☐ _____
☐ _____
☐ _____

Chapters

☐ _____
☐ _____
☐ _____
☐ _____
☐ _____
☐ _____

Semester: _____   Exam / Test _____

	00-15	15-30	30-45	45-00
6 AM				
7 AM				
8 AM				
9 AM				
10 AM				
11 AM				
12 AM				
1 PM				
2 PM				
3 PM				
4 PM				
5 PM				
6 PM				
7 PM				
8 PM				
9 PM				
10 PM				

Subjects

1. _____
2. _____
3. _____
4. _____

Color Codes

- ☐ _____
- ☐ _____
- ☐ _____
- ☐ _____
- ☐ _____

Topics

- ☐ _____
- ☐ _____
- ☐ _____
- ☐ _____
- ☐ _____
- ☐ _____
- ☐ _____

Chapters

- ☐ _____
- ☐ _____
- ☐ _____
- ☐ _____
- ☐ _____
- ☐ _____

Semester: _____ Exam / Test _____

	00-15	15-30	30-45	45-00
6 AM				
7 AM				
8 AM				
9 AM				
10 AM				
11 AM				
12 AM				
1 PM				
2 PM				
3 PM				
4 PM				
5 PM				
6 PM				
7 PM				
8 PM				
9 PM				
10 PM				

Subjects

1. _____
2. _____
3. _____
4. _____

Color Codes

- ☐ _____
- ☐ _____
- ☐ _____
- ☐ _____
- ☐ _____

Topics

- ☐ _____
- ☐ _____
- ☐ _____
- ☐ _____
- ☐ _____
- ☐ _____
- ☐ _____

Chapters

- ☐ _____
- ☐ _____
- ☐ _____
- ☐ _____
- ☐ _____
- ☐ _____

Semester: _____   Exam / Test _____

	00-15	15-30	30-45	45-00
6 AM				
7 AM				
8 AM				
9 AM				
10 AM				
11 AM				
12 AM				
1 PM				
2 PM				
3 PM				
4 PM				
5 PM				
6 PM				
7 PM				
8 PM				
9 PM				
10 PM				

Subjects

1. _____
2. _____
3. _____
4. _____

Color Codes

☐ _____
☐ _____
☐ _____
☐ _____
☐ _____

Topics

☐ _____
☐ _____
☐ _____
☐ _____
☐ _____
☐ _____
☐ _____

Chapters

☐ _____
☐ _____
☐ _____
☐ _____
☐ _____
☐ _____

	00-15	15-30	30-45	45-00
6 AM				
7 AM				
8 AM				
9 AM				
10 AM				
11 AM				
12 AM				
1 PM				
2 PM				
3 PM				
4 PM				
5 PM				
6 PM				
7 PM				
8 PM				
9 PM				
10 PM				

Subjects

1. _____
2. _____
3. _____
4. _____

Color Codes

☐ _____
☐ _____
☐ _____
☐ _____
☐ _____

Topics

☐ _____
☐ _____
☐ _____
☐ _____
☐ _____
☐ _____
☐ _____

Chapters

☐ _____
☐ _____
☐ _____
☐ _____
☐ _____
☐ _____

	00-15	15-30	30-45	45-00
6 AM				
7 AM				
8 AM				
9 AM				
10 AM				
11 AM				
12 AM				
1 PM				
2 PM				
3 PM				
4 PM				
5 PM				
6 PM				
7 PM				
8 PM				
9 PM				
10 PM				

Subjects

1. _____
2. _____
3. _____
4. _____

Color Codes

- ◯ _____
- ◯ _____
- ◯ _____
- ◯ _____
- ◯ _____

Topics

- ◯ _____
- ◯ _____
- ◯ _____
- ◯ _____
- ◯ _____
- ◯ _____
- ◯ _____

Chapters

- ◯ _____
- ◯ _____
- ◯ _____
- ◯ _____
- ◯ _____
- ◯ _____

Semester: _____ Exam / Test _____

	00-15	15-30	30-45	45-00
6 AM				
7 AM				
8 AM				
9 AM				
10 AM				
11 AM				
12 AM				
1 PM				
2 PM				
3 PM				
4 PM				
5 PM				
6 PM				
7 PM				
8 PM				
9 PM				
10 PM				

Subjects

1. _____
2. _____
3. _____
4. _____

Color Codes

○ _____
○ _____
○ _____
○ _____
○ _____

Topics

○ _____
○ _____
○ _____
○ _____
○ _____
○ _____
○ _____

Chapters

○ _____
○ _____
○ _____
○ _____
○ _____
○ _____

Semester: _____ Exam / Test _____

	00-15	15-30	30-45	45-00
6 AM				
7 AM				
8 AM				
9 AM				
10 AM				
11 AM				
12 AM				
1 PM				
2 PM				
3 PM				
4 PM				
5 PM				
6 PM				
7 PM				
8 PM				
9 PM				
10 PM				

Subjects

1. _____
2. _____
3. _____
4. _____

Color Codes

☐ _____
☐ _____
☐ _____
☐ _____
☐ _____

Topics

☐ _____
☐ _____
☐ _____
☐ _____
☐ _____
☐ _____
☐ _____

Chapters

☐ _____
☐ _____
☐ _____
☐ _____
☐ _____
☐ _____

Semester: _____ Exam / Test _____

	00-15	15-30	30-45	45-00
6 AM				
7 AM				
8 AM				
9 AM				
10 AM				
11 AM				
12 AM				
1 PM				
2 PM				
3 PM				
4 PM				
5 PM				
6 PM				
7 PM				
8 PM				
9 PM				
10 PM				

Subjects

1. _____
2. _____
3. _____
4. _____

Color Codes

- ☐ _____
- ☐ _____
- ☐ _____
- ☐ _____
- ☐ _____

Topics

- ☐ _____
- ☐ _____
- ☐ _____
- ☐ _____
- ☐ _____
- ☐ _____
- ☐ _____

Chapters

- ☐ _____
- ☐ _____
- ☐ _____
- ☐ _____
- ☐ _____
- ☐ _____

Semester: _____ Exam / Test _____

	00-15	15-30	30-45	45-00
6 AM				
7 AM				
8 AM				
9 AM				
10 AM				
11 AM				
12 AM				
1 PM				
2 PM				
3 PM				
4 PM				
5 PM				
6 PM				
7 PM				
8 PM				
9 PM				
10 PM				

Subjects

1. _____
2. _____
3. _____
4. _____

Color Codes

- ⬭ _____
- ⬭ _____
- ⬭ _____
- ⬭ _____
- ⬭ _____

Topics

- ☐ _____
- ☐ _____
- ☐ _____
- ☐ _____
- ☐ _____
- ☐ _____
- ☐ _____

Chapters

- ☐ _____
- ☐ _____
- ☐ _____
- ☐ _____
- ☐ _____
- ☐ _____

Semester: _____ Exam / Test _____

	00-15	15-30	30-45	45-00
6 AM				
7 AM				
8 AM				
9 AM				
10 AM				
11 AM				
12 AM				
1 PM				
2 PM				
3 PM				
4 PM				
5 PM				
6 PM				
7 PM				
8 PM				
9 PM				
10 PM				

Subjects

1. _____
2. _____
3. _____
4. _____

Color Codes

- _____
- _____
- _____
- _____
- _____

Topics

- _____
- _____
- _____
- _____
- _____
- _____
- _____

Chapters

- _____
- _____
- _____
- _____
- _____
- _____

Semester: _____   Exam / Test _____

	00-15	15-30	30-45	45-00
6 AM				
7 AM				
8 AM				
9 AM				
10 AM				
11 AM				
12 AM				
1 PM				
2 PM				
3 PM				
4 PM				
5 PM				
6 PM				
7 PM				
8 PM				
9 PM				
10 PM				

Subjects

1. _____
2. _____
3. _____
4. _____

Color Codes

☐ _____
☐ _____
☐ _____
☐ _____
☐ _____

Topics

☐ _____
☐ _____
☐ _____
☐ _____
☐ _____
☐ _____
☐ _____

Chapters

☐ _____
☐ _____
☐ _____
☐ _____
☐ _____
☐ _____

Semester: _____ Exam / Test _____

	00-15	15-30	30-45	45-00
6 AM				
7 AM				
8 AM				
9 AM				
10 AM				
11 AM				
12 AM				
1 PM				
2 PM				
3 PM				
4 PM				
5 PM				
6 PM				
7 PM				
8 PM				
9 PM				
10 PM				

Subjects

1. _____
2. _____
3. _____
4. _____

Color Codes

◻ _____
◻ _____
◻ _____
◻ _____
◻ _____

Topics

☐ _____
☐ _____
☐ _____
☐ _____
☐ _____
☐ _____
☐ _____

Chapters

☐ _____
☐ _____
☐ _____
☐ _____
☐ _____
☐ _____

Semester: _____ Exam / Test _____

	00-15	15-30	30-45	45-00
6 AM				
7 AM				
8 AM				
9 AM				
10 AM				
11 AM				
12 AM				
1 PM				
2 PM				
3 PM				
4 PM				
5 PM				
6 PM				
7 PM				
8 PM				
9 PM				
10 PM				

Subjects

1. _____
2. _____
3. _____
4. _____

Color Codes

☐ _____
☐ _____
☐ _____
☐ _____
☐ _____

Topics

☐ _____
☐ _____
☐ _____
☐ _____
☐ _____
☐ _____
☐ _____

Chapters

☐ _____
☐ _____
☐ _____
☐ _____
☐ _____
☐ _____

Semester: _____ Exam / Test _____

	00-15	15-30	30-45	45-00
6 AM				
7 AM				
8 AM				
9 AM				
10 AM				
11 AM				
12 AM				
1 PM				
2 PM				
3 PM				
4 PM				
5 PM				
6 PM				
7 PM				
8 PM				
9 PM				
10 PM				

Subjects

1. _____
2. _____
3. _____
4. _____

Color Codes

☐ _____
☐ _____
☐ _____
☐ _____
☐ _____

Topics

☐ _____
☐ _____
☐ _____
☐ _____
☐ _____
☐ _____
☐ _____

Chapters

☐ _____
☐ _____
☐ _____
☐ _____
☐ _____
☐ _____

Semester: _____ Exam / Test _____

	00-15	15-30	30-45	45-00
6 AM				
7 AM				
8 AM				
9 AM				
10 AM				
11 AM				
12 AM				
1 PM				
2 PM				
3 PM				
4 PM				
5 PM				
6 PM				
7 PM				
8 PM				
9 PM				
10 PM				

Subjects

1. _____
2. _____
3. _____
4. _____

Color Codes

☐ _____
☐ _____
☐ _____
☐ _____
☐ _____

Topics

☐ _____
☐ _____
☐ _____
☐ _____
☐ _____
☐ _____
☐ _____

Chapters

☐ _____
☐ _____
☐ _____
☐ _____
☐ _____
☐ _____

	00-15	15-30	30-45	45-00
6 AM				
7 AM				
8 AM				
9 AM				
10 AM				
11 AM				
12 AM				
1 PM				
2 PM				
3 PM				
4 PM				
5 PM				
6 PM				
7 PM				
8 PM				
9 PM				
10 PM				

Subjects

1. _____
2. _____
3. _____
4. _____

Color Codes

☐ _____
☐ _____
☐ _____
☐ _____
☐ _____

Topics

☐ _____
☐ _____
☐ _____
☐ _____
☐ _____
☐ _____
☐ _____

Chapters

☐ _____
☐ _____
☐ _____
☐ _____
☐ _____
☐ _____

Semester: _____ Exam / Test _____

	00-15	15-30	30-45	45-00
6 AM				
7 AM				
8 AM				
9 AM				
10 AM				
11 AM				
12 AM				
1 PM				
2 PM				
3 PM				
4 PM				
5 PM				
6 PM				
7 PM				
8 PM				
9 PM				
10 PM				

Subjects

1. _____
2. _____
3. _____
4. _____

Color Codes

☐ _____
☐ _____
☐ _____
☐ _____
☐ _____

Topics

☐ _____
☐ _____
☐ _____
☐ _____
☐ _____
☐ _____
☐ _____

Chapters

☐ _____
☐ _____
☐ _____
☐ _____
☐ _____
☐ _____

Semester: _____ Exam / Test _____

	00-15	15-30	30-45	45-00
6 AM				
7 AM				
8 AM				
9 AM				
10 AM				
11 AM				
12 AM				
1 PM				
2 PM				
3 PM				
4 PM				
5 PM				
6 PM				
7 PM				
8 PM				
9 PM				
10 PM				

Subjects

1. _____
2. _____
3. _____
4. _____

Color Codes

- ☐ _____
- ☐ _____
- ☐ _____
- ☐ _____
- ☐ _____

Topics

- ☐ _____
- ☐ _____
- ☐ _____
- ☐ _____
- ☐ _____
- ☐ _____
- ☐ _____

Chapters

- ☐ _____
- ☐ _____
- ☐ _____
- ☐ _____
- ☐ _____
- ☐ _____

Semester: _____   Exam / Test _____

	00-15	15-30	30-45	45-00
6 AM				
7 AM				
8 AM				
9 AM				
10 AM				
11 AM				
12 AM				
1 PM				
2 PM				
3 PM				
4 PM				
5 PM				
6 PM				
7 PM				
8 PM				
9 PM				
10 PM				

Subjects

1. _____
2. _____
3. _____
4. _____

Color Codes

- ☐ _____
- ☐ _____
- ☐ _____
- ☐ _____
- ☐ _____

Topics

- ☐ _____
- ☐ _____
- ☐ _____
- ☐ _____
- ☐ _____
- ☐ _____
- ☐ _____

Chapters

- ☐ _____
- ☐ _____
- ☐ _____
- ☐ _____
- ☐ _____
- ☐ _____

	00-15	15-30	30-45	45-00
6 AM				
7 AM				
8 AM				
9 AM				
10 AM				
11 AM				
12 AM				
1 PM				
2 PM				
3 PM				
4 PM				
5 PM				
6 PM				
7 PM				
8 PM				
9 PM				
10 PM				

Subjects

1. _____
2. _____
3. _____
4. _____

Color Codes

- ☐ _____
- ☐ _____
- ☐ _____
- ☐ _____
- ☐ _____

Topics

- ☐ _____
- ☐ _____
- ☐ _____
- ☐ _____
- ☐ _____
- ☐ _____
- ☐ _____

Chapters

- ☐ _____
- ☐ _____
- ☐ _____
- ☐ _____
- ☐ _____
- ☐ _____

	00-15	15-30	30-45	45-00
6 AM				
7 AM				
8 AM				
9 AM				
10 AM				
11 AM				
12 AM				
1 PM				
2 PM				
3 PM				
4 PM				
5 PM				
6 PM				
7 PM				
8 PM				
9 PM				
10 PM				

Subjects

1. _____
2. _____
3. _____
4. _____

Color Codes

- ☐ _____
- ☐ _____
- ☐ _____
- ☐ _____
- ☐ _____

Topics

- ☐ _____
- ☐ _____
- ☐ _____
- ☐ _____
- ☐ _____
- ☐ _____
- ☐ _____

Chapters

- ☐ _____
- ☐ _____
- ☐ _____
- ☐ _____
- ☐ _____
- ☐ _____

	00-15	15-30	30-45	45-00
6 AM				
7 AM				
8 AM				
9 AM				
10 AM				
11 AM				
12 AM				
1 PM				
2 PM				
3 PM				
4 PM				
5 PM				
6 PM				
7 PM				
8 PM				
9 PM				
10 PM				

Subjects

1. _____
2. _____
3. _____
4. _____

Color Codes

☐ _____
☐ _____
☐ _____
☐ _____
☐ _____

Topics

☐ _____
☐ _____
☐ _____
☐ _____
☐ _____
☐ _____
☐ _____

Chapters

☐ _____
☐ _____
☐ _____
☐ _____
☐ _____
☐ _____

Semester: _____ Exam / Test _____

	00-15	15-30	30-45	45-00
6 AM				
7 AM				
8 AM				
9 AM				
10 AM				
11 AM				
12 AM				
1 PM				
2 PM				
3 PM				
4 PM				
5 PM				
6 PM				
7 PM				
8 PM				
9 PM				
10 PM				

Subjects

1. _____
2. _____
3. _____
4. _____

Color Codes

☐ _____
☐ _____
☐ _____
☐ _____
☐ _____

Topics

☐ _____
☐ _____
☐ _____
☐ _____
☐ _____
☐ _____
☐ _____

Chapters

☐ _____
☐ _____
☐ _____
☐ _____
☐ _____
☐ _____

Semester: _____ Exam / Test _____

	00-15	15-30	30-45	45-00
6 AM				
7 AM				
8 AM				
9 AM				
10 AM				
11 AM				
12 AM				
1 PM				
2 PM				
3 PM				
4 PM				
5 PM				
6 PM				
7 PM				
8 PM				
9 PM				
10 PM				

Subjects

1. _____
2. _____
3. _____
4. _____

Color Codes

☐ _____
☐ _____
☐ _____
☐ _____
☐ _____

Topics

☐ _____
☐ _____
☐ _____
☐ _____
☐ _____
☐ _____
☐ _____

Chapters

☐ _____
☐ _____
☐ _____
☐ _____
☐ _____
☐ _____

Semester: _____ Exam / Test _____

	00-15	15-30	30-45	45-00
6 AM				
7 AM				
8 AM				
9 AM				
10 AM				
11 AM				
12 AM				
1 PM				
2 PM				
3 PM				
4 PM				
5 PM				
6 PM				
7 PM				
8 PM				
9 PM				
10 PM				

Subjects

1. _____
2. _____
3. _____
4. _____

Color Codes

☐ _____
☐ _____
☐ _____
☐ _____
☐ _____

Topics

☐ _____
☐ _____
☐ _____
☐ _____
☐ _____
☐ _____
☐ _____

Chapters

☐ _____
☐ _____
☐ _____
☐ _____
☐ _____
☐ _____

Semester: _____ Exam / Test _____

	00-15	15-30	30-45	45-00
6 AM				
7 AM				
8 AM				
9 AM				
10 AM				
11 AM				
12 AM				
1 PM				
2 PM				
3 PM				
4 PM				
5 PM				
6 PM				
7 PM				
8 PM				
9 PM				
10 PM				

Subjects

1. _____
2. _____
3. _____
4. _____

Color Codes

- ☐ _____
- ☐ _____
- ☐ _____
- ☐ _____
- ☐ _____

Topics

- ☐ _____
- ☐ _____
- ☐ _____
- ☐ _____
- ☐ _____
- ☐ _____
- ☐ _____

Chapters

- ☐ _____
- ☐ _____
- ☐ _____
- ☐ _____
- ☐ _____
- ☐ _____

Semester: _____ Exam / Test _____

	00-15	15-30	30-45	45-00
6 AM				
7 AM				
8 AM				
9 AM				
10 AM				
11 AM				
12 AM				
1 PM				
2 PM				
3 PM				
4 PM				
5 PM				
6 PM				
7 PM				
8 PM				
9 PM				
10 PM				

Subjects

1. _____
2. _____
3. _____
4. _____

Color Codes

- ☐ _____
- ☐ _____
- ☐ _____
- ☐ _____
- ☐ _____

Topics

- ☐ _____
- ☐ _____
- ☐ _____
- ☐ _____
- ☐ _____
- ☐ _____
- ☐ _____

Chapters

- ☐ _____
- ☐ _____
- ☐ _____
- ☐ _____
- ☐ _____
- ☐ _____

Semester: _____ Exam / Test _____

	00-15	15-30	30-45	45-00
6 AM				
7 AM				
8 AM				
9 AM				
10 AM				
11 AM				
12 AM				
1 PM				
2 PM				
3 PM				
4 PM				
5 PM				
6 PM				
7 PM				
8 PM				
9 PM				
10 PM				

Subjects

1. _____
2. _____
3. _____
4. _____

Color Codes

☐ _____
☐ _____
☐ _____
☐ _____
☐ _____

Topics

☐ _____
☐ _____
☐ _____
☐ _____
☐ _____
☐ _____
☐ _____

Chapters

☐ _____
☐ _____
☐ _____
☐ _____
☐ _____
☐ _____

	00-15	15-30	30-45	45-00
6 AM				
7 AM				
8 AM				
9 AM				
10 AM				
11 AM				
12 AM				
1 PM				
2 PM				
3 PM				
4 PM				
5 PM				
6 PM				
7 PM				
8 PM				
9 PM				
10 PM				

Subjects

1. _____
2. _____
3. _____
4. _____

Color Codes

☐ _____
☐ _____
☐ _____
☐ _____
☐ _____

Topics

☐ _____
☐ _____
☐ _____
☐ _____
☐ _____
☐ _____
☐ _____

Chapters

☐ _____
☐ _____
☐ _____
☐ _____
☐ _____
☐ _____

Semester: _____ Exam / Test _____

	00-15	15-30	30-45	45-00
6 AM				
7 AM				
8 AM				
9 AM				
10 AM				
11 AM				
12 AM				
1 PM				
2 PM				
3 PM				
4 PM				
5 PM				
6 PM				
7 PM				
8 PM				
9 PM				
10 PM				

Subjects

1. _____
2. _____
3. _____
4. _____

Color Codes

☐ _____
☐ _____
☐ _____
☐ _____
☐ _____

Topics

☐ _____
☐ _____
☐ _____
☐ _____
☐ _____
☐ _____
☐ _____

Chapters

☐ _____
☐ _____
☐ _____
☐ _____
☐ _____
☐ _____

Semester: _____ Exam / Test _____

	00-15	15-30	30-45	45-00
6 AM				
7 AM				
8 AM				
9 AM				
10 AM				
11 AM				
12 AM				
1 PM				
2 PM				
3 PM				
4 PM				
5 PM				
6 PM				
7 PM				
8 PM				
9 PM				
10 PM				

Subjects

1. _____
2. _____
3. _____
4. _____

Color Codes

- ⬭ _____
- ⬭ _____
- ⬭ _____
- ⬭ _____
- ⬭ _____

Topics

- ☐ _____
- ☐ _____
- ☐ _____
- ☐ _____
- ☐ _____
- ☐ _____
- ☐ _____

Chapters

- ☐ _____
- ☐ _____
- ☐ _____
- ☐ _____
- ☐ _____
- ☐ _____

	00-15	15-30	30-45	45-00
6 AM				
7 AM				
8 AM				
9 AM				
10 AM				
11 AM				
12 AM				
1 PM				
2 PM				
3 PM				
4 PM				
5 PM				
6 PM				
7 PM				
8 PM				
9 PM				
10 PM				

Subjects

1. _____
2. _____
3. _____
4. _____

Color Codes

○ _____
○ _____
○ _____
○ _____
○ _____

Topics

☐ _____
☐ _____
☐ _____
☐ _____
☐ _____
☐ _____
☐ _____

Chapters

☐ _____
☐ _____
☐ _____
☐ _____
☐ _____
☐ _____

Semester: _____ Exam / Test _____

	00-15	15-30	30-45	45-00
6 AM				
7 AM				
8 AM				
9 AM				
10 AM				
11 AM				
12 AM				
1 PM				
2 PM				
3 PM				
4 PM				
5 PM				
6 PM				
7 PM				
8 PM				
9 PM				
10 PM				

Subjects

1. _____
2. _____
3. _____
4. _____

Color Codes

☐ _____
☐ _____
☐ _____
☐ _____
☐ _____

Topics

☐ _____
☐ _____
☐ _____
☐ _____
☐ _____
☐ _____
☐ _____

Chapters

☐ _____
☐ _____
☐ _____
☐ _____
☐ _____
☐ _____

Semester: _____ Exam / Test _____

	00-15	15-30	30-45	45-00
6 AM				
7 AM				
8 AM				
9 AM				
10 AM				
11 AM				
12 AM				
1 PM				
2 PM				
3 PM				
4 PM				
5 PM				
6 PM				
7 PM				
8 PM				
9 PM				
10 PM				

Subjects

1. _____
2. _____
3. _____
4. _____

Color Codes

- ○ _____
- ○ _____
- ○ _____
- ○ _____
- ○ _____

Topics

- ○ _____
- ○ _____
- ○ _____
- ○ _____
- ○ _____
- ○ _____
- ○ _____

Chapters

- ○ _____
- ○ _____
- ○ _____
- ○ _____
- ○ _____
- ○ _____

Semester: _____ Exam / Test _____

	00-15	15-30	30-45	45-00
6 AM				
7 AM				
8 AM				
9 AM				
10 AM				
11 AM				
12 AM				
1 PM				
2 PM				
3 PM				
4 PM				
5 PM				
6 PM				
7 PM				
8 PM				
9 PM				
10 PM				

Subjects

1. _____
2. _____
3. _____
4. _____

Color Codes

- ☐ _____
- ☐ _____
- ☐ _____
- ☐ _____
- ☐ _____

Topics

- ☐ _____
- ☐ _____
- ☐ _____
- ☐ _____
- ☐ _____
- ☐ _____
- ☐ _____

Chapters

- ☐ _____
- ☐ _____
- ☐ _____
- ☐ _____
- ☐ _____
- ☐ _____

Semester: _____ Exam / Test _____

	00-15	15-30	30-45	45-00
6 AM				
7 AM				
8 AM				
9 AM				
10 AM				
11 AM				
12 AM				
1 PM				
2 PM				
3 PM				
4 PM				
5 PM				
6 PM				
7 PM				
8 PM				
9 PM				
10 PM				

Subjects

1. _____
2. _____
3. _____
4. _____

Color Codes

- ☐ _____
- ☐ _____
- ☐ _____
- ☐ _____
- ☐ _____

Topics

- ☐ _____
- ☐ _____
- ☐ _____
- ☐ _____
- ☐ _____
- ☐ _____
- ☐ _____

Chapters

- ☐ _____
- ☐ _____
- ☐ _____
- ☐ _____
- ☐ _____
- ☐ _____

	00-15	15-30	30-45	45-00
6 AM				
7 AM				
8 AM				
9 AM				
10 AM				
11 AM				
12 AM				
1 PM				
2 PM				
3 PM				
4 PM				
5 PM				
6 PM				
7 PM				
8 PM				
9 PM				
10 PM				

Subjects

1. _____
2. _____
3. _____
4. _____

Color Codes

- ☐ _____
- ☐ _____
- ☐ _____
- ☐ _____
- ☐ _____

Topics

- ☐ _____
- ☐ _____
- ☐ _____
- ☐ _____
- ☐ _____
- ☐ _____
- ☐ _____

Chapters

- ☐ _____
- ☐ _____
- ☐ _____
- ☐ _____
- ☐ _____
- ☐ _____

Semester: _____ Exam / Test _____

	00-15	15-30	30-45	45-00
6 AM				
7 AM				
8 AM				
9 AM				
10 AM				
11 AM				
12 AM				
1 PM				
2 PM				
3 PM				
4 PM				
5 PM				
6 PM				
7 PM				
8 PM				
9 PM				
10 PM				

Subjects

1. _____
2. _____
3. _____
4. _____

Color Codes

☐ _____
☐ _____
☐ _____
☐ _____
☐ _____

Topics

☐ _____
☐ _____
☐ _____
☐ _____
☐ _____
☐ _____
☐ _____

Chapters

☐ _____
☐ _____
☐ _____
☐ _____
☐ _____
☐ _____

Semester: _____ Exam / Test _____

	00-15	15-30	30-45	45-00
6 AM				
7 AM				
8 AM				
9 AM				
10 AM				
11 AM				
12 AM				
1 PM				
2 PM				
3 PM				
4 PM				
5 PM				
6 PM				
7 PM				
8 PM				
9 PM				
10 PM				

Subjects

1. _____
2. _____
3. _____
4. _____

Color Codes

☐ _____
☐ _____
☐ _____
☐ _____
☐ _____

Topics

☐ _____
☐ _____
☐ _____
☐ _____
☐ _____
☐ _____
☐ _____

Chapters

☐ _____
☐ _____
☐ _____
☐ _____
☐ _____
☐ _____

	00-15	15-30	30-45	45-00
6 AM				
7 AM				
8 AM				
9 AM				
10 AM				
11 AM				
12 AM				
1 PM				
2 PM				
3 PM				
4 PM				
5 PM				
6 PM				
7 PM				
8 PM				
9 PM				
10 PM				

Subjects

1. _____
2. _____
3. _____
4. _____

Color Codes

☐ _____
☐ _____
☐ _____
☐ _____
☐ _____

Topics

☐ _____
☐ _____
☐ _____
☐ _____
☐ _____
☐ _____
☐ _____

Chapters

☐ _____
☐ _____
☐ _____
☐ _____
☐ _____
☐ _____

Semester: _____ Exam / Test _____

	00-15	15-30	30-45	45-00
6 AM				
7 AM				
8 AM				
9 AM				
10 AM				
11 AM				
12 AM				
1 PM				
2 PM				
3 PM				
4 PM				
5 PM				
6 PM				
7 PM				
8 PM				
9 PM				
10 PM				

Subjects

1. _____
2. _____
3. _____
4. _____

Color Codes

- ☐ _____
- ☐ _____
- ☐ _____
- ☐ _____
- ☐ _____

Topics

- ☐ _____
- ☐ _____
- ☐ _____
- ☐ _____
- ☐ _____
- ☐ _____
- ☐ _____

Chapters

- ☐ _____
- ☐ _____
- ☐ _____
- ☐ _____
- ☐ _____
- ☐ _____

Semester: _____ Exam / Test _____

	00-15	15-30	30-45	45-00
6 AM				
7 AM				
8 AM				
9 AM				
10 AM				
11 AM				
12 AM				
1 PM				
2 PM				
3 PM				
4 PM				
5 PM				
6 PM				
7 PM				
8 PM				
9 PM				
10 PM				

Subjects

1. _____
2. _____
3. _____
4. _____

Color Codes

- ◯ _____
- ◯ _____
- ◯ _____
- ◯ _____
- ◯ _____

Topics

- ◯ _____
- ◯ _____
- ◯ _____
- ◯ _____
- ◯ _____
- ◯ _____
- ◯ _____

Chapters

- ◯ _____
- ◯ _____
- ◯ _____
- ◯ _____
- ◯ _____
- ◯ _____

Semester: _____ Exam / Test _____

	00-15	15-30	30-45	45-00
6 AM				
7 AM				
8 AM				
9 AM				
10 AM				
11 AM				
12 AM				
1 PM				
2 PM				
3 PM				
4 PM				
5 PM				
6 PM				
7 PM				
8 PM				
9 PM				
10 PM				

Subjects

1. _____
2. _____
3. _____
4. _____

Color Codes

- ☐ _____
- ☐ _____
- ☐ _____
- ☐ _____
- ☐ _____

Topics

- ☐ _____
- ☐ _____
- ☐ _____
- ☐ _____
- ☐ _____
- ☐ _____
- ☐ _____

Chapters

- ☐ _____
- ☐ _____
- ☐ _____
- ☐ _____
- ☐ _____
- ☐ _____

Semester: _____ Exam / Test _____

	00-15	15-30	30-45	45-00
6 AM				
7 AM				
8 AM				
9 AM				
10 AM				
11 AM				
12 AM				
1 PM				
2 PM				
3 PM				
4 PM				
5 PM				
6 PM				
7 PM				
8 PM				
9 PM				
10 PM				

Subjects

1. _____
2. _____
3. _____
4. _____

Color Codes

☐ _____
☐ _____
☐ _____
☐ _____
☐ _____

Topics

☐ _____
☐ _____
☐ _____
☐ _____
☐ _____
☐ _____
☐ _____

Chapters

☐ _____
☐ _____
☐ _____
☐ _____
☐ _____
☐ _____

	00-15	15-30	30-45	45-00
6 AM				
7 AM				
8 AM				
9 AM				
10 AM				
11 AM				
12 AM				
1 PM				
2 PM				
3 PM				
4 PM				
5 PM				
6 PM				
7 PM				
8 PM				
9 PM				
10 PM				

Subjects

1. _____
2. _____
3. _____
4. _____

Color Codes

☐ _____
☐ _____
☐ _____
☐ _____
☐ _____

Topics

☐ _____
☐ _____
☐ _____
☐ _____
☐ _____
☐ _____
☐ _____

Chapters

☐ _____
☐ _____
☐ _____
☐ _____
☐ _____
☐ _____

Semester: _____ Exam / Test _____

	00-15	15-30	30-45	45-00
6 AM				
7 AM				
8 AM				
9 AM				
10 AM				
11 AM				
12 AM				
1 PM				
2 PM				
3 PM				
4 PM				
5 PM				
6 PM				
7 PM				
8 PM				
9 PM				
10 PM				

Subjects

1. _____
2. _____
3. _____
4. _____

Color Codes

☐ _____
☐ _____
☐ _____
☐ _____
☐ _____

Topics

☐ _____
☐ _____
☐ _____
☐ _____
☐ _____
☐ _____
☐ _____

Chapters

☐ _____
☐ _____
☐ _____
☐ _____
☐ _____
☐ _____

Semester: _____ Exam / Test _____

	00-15	15-30	30-45	45-00
6 AM				
7 AM				
8 AM				
9 AM				
10 AM				
11 AM				
12 AM				
1 PM				
2 PM				
3 PM				
4 PM				
5 PM				
6 PM				
7 PM				
8 PM				
9 PM				
10 PM				

Subjects

1. _____
2. _____
3. _____
4. _____

Color Codes

☐ _____
☐ _____
☐ _____
☐ _____
☐ _____

Topics

☐ _____
☐ _____
☐ _____
☐ _____
☐ _____
☐ _____
☐ _____

Chapters

☐ _____
☐ _____
☐ _____
☐ _____
☐ _____
☐ _____

Semester: _____ Exam / Test _____

	00-15	15-30	30-45	45-00
6 AM				
7 AM				
8 AM				
9 AM				
10 AM				
11 AM				
12 AM				
1 PM				
2 PM				
3 PM				
4 PM				
5 PM				
6 PM				
7 PM				
8 PM				
9 PM				
10 PM				

Subjects

1. _____
2. _____
3. _____
4. _____

Color Codes

- ☐ _____
- ☐ _____
- ☐ _____
- ☐ _____
- ☐ _____

Topics

- ☐ _____
- ☐ _____
- ☐ _____
- ☐ _____
- ☐ _____
- ☐ _____
- ☐ _____

Chapters

- ☐ _____
- ☐ _____
- ☐ _____
- ☐ _____
- ☐ _____
- ☐ _____

Semester: _____ Exam / Test _____

	00-15	15-30	30-45	45-00
6 AM				
7 AM				
8 AM				
9 AM				
10 AM				
11 AM				
12 AM				
1 PM				
2 PM				
3 PM				
4 PM				
5 PM				
6 PM				
7 PM				
8 PM				
9 PM				
10 PM				

Subjects

1. _____
2. _____
3. _____
4. _____

Color Codes

◯ _____
◯ _____
◯ _____
◯ _____
◯ _____

Topics

◯ _____
◯ _____
◯ _____
◯ _____
◯ _____
◯ _____
◯ _____

Chapters

◯ _____
◯ _____
◯ _____
◯ _____
◯ _____
◯ _____

	00-15	15-30	30-45	45-00
6 AM				
7 AM				
8 AM				
9 AM				
10 AM				
11 AM				
12 AM				
1 PM				
2 PM				
3 PM				
4 PM				
5 PM				
6 PM				
7 PM				
8 PM				
9 PM				
10 PM				

Subjects

1. _____
2. _____
3. _____
4. _____

Color Codes

- [ ] _____
- [ ] _____
- [ ] _____
- [ ] _____
- [ ] _____

Topics

- [ ] _____
- [ ] _____
- [ ] _____
- [ ] _____
- [ ] _____
- [ ] _____
- [ ] _____

Chapters

- [ ] _____
- [ ] _____
- [ ] _____
- [ ] _____
- [ ] _____
- [ ] _____

Semester: _____ Exam / Test _____

	00-15	15-30	30-45	45-00
6 AM				
7 AM				
8 AM				
9 AM				
10 AM				
11 AM				
12 AM				
1 PM				
2 PM				
3 PM				
4 PM				
5 PM				
6 PM				
7 PM				
8 PM				
9 PM				
10 PM				

Subjects

1. _____
2. _____
3. _____
4. _____

Color Codes

- ☐ _____
- ☐ _____
- ☐ _____
- ☐ _____
- ☐ _____

Topics

- ☐ _____
- ☐ _____
- ☐ _____
- ☐ _____
- ☐ _____
- ☐ _____
- ☐ _____

Chapters

- ☐ _____
- ☐ _____
- ☐ _____
- ☐ _____
- ☐ _____
- ☐ _____

Semester: _____ Exam / Test _____

	00-15	15-30	30-45	45-00
6 AM				
7 AM				
8 AM				
9 AM				
10 AM				
11 AM				
12 AM				
1 PM				
2 PM				
3 PM				
4 PM				
5 PM				
6 PM				
7 PM				
8 PM				
9 PM				
10 PM				

Subjects

1. _____
2. _____
3. _____
4. _____

Color Codes

☐ _____
☐ _____
☐ _____
☐ _____
☐ _____

Topics

☐ _____
☐ _____
☐ _____
☐ _____
☐ _____
☐ _____

Chapters

☐ _____
☐ _____
☐ _____
☐ _____
☐ _____
☐ _____

	00-15	15-30	30-45	45-00
6 AM				
7 AM				
8 AM				
9 AM				
10 AM				
11 AM				
12 AM				
1 PM				
2 PM				
3 PM				
4 PM				
5 PM				
6 PM				
7 PM				
8 PM				
9 PM				
10 PM				

Subjects

1. _____
2. _____
3. _____
4. _____

Color Codes

- ☐ _____
- ☐ _____
- ☐ _____
- ☐ _____
- ☐ _____

Topics

- ☐ _____
- ☐ _____
- ☐ _____
- ☐ _____
- ☐ _____
- ☐ _____
- ☐ _____

Chapters

- ☐ _____
- ☐ _____
- ☐ _____
- ☐ _____
- ☐ _____
- ☐ _____

Semester: _____ Exam / Test _____

	00-15	15-30	30-45	45-00
6 AM				
7 AM				
8 AM				
9 AM				
10 AM				
11 AM				
12 AM				
1 PM				
2 PM				
3 PM				
4 PM				
5 PM				
6 PM				
7 PM				
8 PM				
9 PM				
10 PM				

Subjects

1. _____
2. _____
3. _____
4. _____

Color Codes

- ☐ _____
- ☐ _____
- ☐ _____
- ☐ _____
- ☐ _____

Topics

- ☐ _____
- ☐ _____
- ☐ _____
- ☐ _____
- ☐ _____
- ☐ _____
- ☐ _____

Chapters

- ☐ _____
- ☐ _____
- ☐ _____
- ☐ _____
- ☐ _____
- ☐ _____

Semester: _____ Exam / Test _____

	00-15	15-30	30-45	45-00
6 AM				
7 AM				
8 AM				
9 AM				
10 AM				
11 AM				
12 AM				
1 PM				
2 PM				
3 PM				
4 PM				
5 PM				
6 PM				
7 PM				
8 PM				
9 PM				
10 PM				

Subjects

1. _____
2. _____
3. _____
4. _____

Color Codes

☐ _____
☐ _____
☐ _____
☐ _____
☐ _____

Topics

☐ _____
☐ _____
☐ _____
☐ _____
☐ _____
☐ _____
☐ _____

Chapters

☐ _____
☐ _____
☐ _____
☐ _____
☐ _____
☐ _____

	00-15	15-30	30-45	45-00
6 AM				
7 AM				
8 AM				
9 AM				
10 AM				
11 AM				
12 AM				
1 PM				
2 PM				
3 PM				
4 PM				
5 PM				
6 PM				
7 PM				
8 PM				
9 PM				
10 PM				

Subjects

1. _____
2. _____
3. _____
4. _____

Color Codes

- ☐ _____
- ☐ _____
- ☐ _____
- ☐ _____
- ☐ _____

Topics

- ☐ _____
- ☐ _____
- ☐ _____
- ☐ _____
- ☐ _____
- ☐ _____
- ☐ _____

Chapters

- ☐ _____
- ☐ _____
- ☐ _____
- ☐ _____
- ☐ _____
- ☐ _____

	00-15	15-30	30-45	45-00
6 AM				
7 AM				
8 AM				
9 AM				
10 AM				
11 AM				
12 AM				
1 PM				
2 PM				
3 PM				
4 PM				
5 PM				
6 PM				
7 PM				
8 PM				
9 PM				
10 PM				

Subjects

1. _____
2. _____
3. _____
4. _____

Color Codes

☐ _____
☐ _____
☐ _____
☐ _____
☐ _____

Topics

☐ _____
☐ _____
☐ _____
☐ _____
☐ _____
☐ _____
☐ _____

Chapters

☐ _____
☐ _____
☐ _____
☐ _____
☐ _____
☐ _____

	00-15	15-30	30-45	45-00
6 AM				
7 AM				
8 AM				
9 AM				
10 AM				
11 AM				
12 AM				
1 PM				
2 PM				
3 PM				
4 PM				
5 PM				
6 PM				
7 PM				
8 PM				
9 PM				
10 PM				

Subjects

1. _____
2. _____
3. _____
4. _____

Color Codes

☐ _____
☐ _____
☐ _____
☐ _____
☐ _____

Topics

☐ _____
☐ _____
☐ _____
☐ _____
☐ _____
☐ _____
☐ _____

Chapters

☐ _____
☐ _____
☐ _____
☐ _____
☐ _____
☐ _____

Semester: _____   Exam / Test _____

	00-15	15-30	30-45	45-00
6 AM				
7 AM				
8 AM				
9 AM				
10 AM				
11 AM				
12 AM				
1 PM				
2 PM				
3 PM				
4 PM				
5 PM				
6 PM				
7 PM				
8 PM				
9 PM				
10 PM				

Subjects

1. _____
2. _____
3. _____
4. _____

Color Codes

☐ _____
☐ _____
☐ _____
☐ _____
☐ _____

Topics

☐ _____
☐ _____
☐ _____
☐ _____
☐ _____
☐ _____
☐ _____

Chapters

☐ _____
☐ _____
☐ _____
☐ _____
☐ _____
☐ _____

Semester: _____ Exam / Test _____

	00-15	15-30	30-45	45-00
6 AM				
7 AM				
8 AM				
9 AM				
10 AM				
11 AM				
12 AM				
1 PM				
2 PM				
3 PM				
4 PM				
5 PM				
6 PM				
7 PM				
8 PM				
9 PM				
10 PM				

Subjects

1. _____
2. _____
3. _____
4. _____

Color Codes

☐ _____
☐ _____
☐ _____
☐ _____
☐ _____

Topics

☐ _____
☐ _____
☐ _____
☐ _____
☐ _____
☐ _____
☐ _____

Chapters

☐ _____
☐ _____
☐ _____
☐ _____
☐ _____
☐ _____

Semester: _____ Exam / Test _____

	00-15	15-30	30-45	45-00
6 AM				
7 AM				
8 AM				
9 AM				
10 AM				
11 AM				
12 AM				
1 PM				
2 PM				
3 PM				
4 PM				
5 PM				
6 PM				
7 PM				
8 PM				
9 PM				
10 PM				

Subjects

1. _____
2. _____
3. _____
4. _____

Color Codes

☐ _____
☐ _____
☐ _____
☐ _____
☐ _____

Topics

☐ _____
☐ _____
☐ _____
☐ _____
☐ _____
☐ _____
☐ _____

Chapters

☐ _____
☐ _____
☐ _____
☐ _____
☐ _____
☐ _____

Semester: _____ Exam / Test _____

	00-15	15-30	30-45	45-00
6 AM				
7 AM				
8 AM				
9 AM				
10 AM				
11 AM				
12 AM				
1 PM				
2 PM				
3 PM				
4 PM				
5 PM				
6 PM				
7 PM				
8 PM				
9 PM				
10 PM				

Subjects

1. _____
2. _____
3. _____
4. _____

Color Codes

- ☐ _____
- ☐ _____
- ☐ _____
- ☐ _____
- ☐ _____

Topics

- ☐ _____
- ☐ _____
- ☐ _____
- ☐ _____
- ☐ _____
- ☐ _____
- ☐ _____

Chapters

- ☐ _____
- ☐ _____
- ☐ _____
- ☐ _____
- ☐ _____
- ☐ _____

	00-15	15-30	30-45	45-00
6 AM				
7 AM				
8 AM				
9 AM				
10 AM				
11 AM				
12 AM				
1 PM				
2 PM				
3 PM				
4 PM				
5 PM				
6 PM				
7 PM				
8 PM				
9 PM				
10 PM				

Subjects

1. _____
2. _____
3. _____
4. _____

Color Codes

- ☐ _____
- ☐ _____
- ☐ _____
- ☐ _____
- ☐ _____

Topics

- ☐ _____
- ☐ _____
- ☐ _____
- ☐ _____
- ☐ _____
- ☐ _____
- ☐ _____

Chapters

- ☐ _____
- ☐ _____
- ☐ _____
- ☐ _____
- ☐ _____
- ☐ _____

	00-15	15-30	30-45	45-00
6 AM				
7 AM				
8 AM				
9 AM				
10 AM				
11 AM				
12 AM				
1 PM				
2 PM				
3 PM				
4 PM				
5 PM				
6 PM				
7 PM				
8 PM				
9 PM				
10 PM				

Subjects

1. _____
2. _____
3. _____
4. _____

Color Codes

- ☐ _____
- ☐ _____
- ☐ _____
- ☐ _____
- ☐ _____

Topics

- ☐ _____
- ☐ _____
- ☐ _____
- ☐ _____
- ☐ _____
- ☐ _____
- ☐ _____

Chapters

- ☐ _____
- ☐ _____
- ☐ _____
- ☐ _____
- ☐ _____
- ☐ _____

	00-15	15-30	30-45	45-00
6 AM				
7 AM				
8 AM				
9 AM				
10 AM				
11 AM				
12 AM				
1 PM				
2 PM				
3 PM				
4 PM				
5 PM				
6 PM				
7 PM				
8 PM				
9 PM				
10 PM				

Subjects

1. _____
2. _____
3. _____
4. _____

Color Codes

☐ _____
☐ _____
☐ _____
☐ _____
☐ _____

Topics

☐ _____
☐ _____
☐ _____
☐ _____
☐ _____
☐ _____
☐ _____

Chapters

☐ _____
☐ _____
☐ _____
☐ _____
☐ _____
☐ _____

	00-15	15-30	30-45	45-00
6 AM				
7 AM				
8 AM				
9 AM				
10 AM				
11 AM				
12 AM				
1 PM				
2 PM				
3 PM				
4 PM				
5 PM				
6 PM				
7 PM				
8 PM				
9 PM				
10 PM				

Subjects

1. _____
2. _____
3. _____
4. _____

Color Codes

☐ _____
☐ _____
☐ _____
☐ _____
☐ _____

Topics

☐ _____
☐ _____
☐ _____
☐ _____
☐ _____
☐ _____
☐ _____

Chapters

☐ _____
☐ _____
☐ _____
☐ _____
☐ _____
☐ _____

Semester: _____ Exam / Test _____

	00-15	15-30	30-45	45-00
6 AM				
7 AM				
8 AM				
9 AM				
10 AM				
11 AM				
12 AM				
1 PM				
2 PM				
3 PM				
4 PM				
5 PM				
6 PM				
7 PM				
8 PM				
9 PM				
10 PM				

Subjects

1. _____
2. _____
3. _____
4. _____

Color Codes

☐ _____
☐ _____
☐ _____
☐ _____
☐ _____

Topics

☐ _____
☐ _____
☐ _____
☐ _____
☐ _____
☐ _____
☐ _____

Chapters

☐ _____
☐ _____
☐ _____
☐ _____
☐ _____
☐ _____

	00-15	15-30	30-45	45-00
6 AM				
7 AM				
8 AM				
9 AM				
10 AM				
11 AM				
12 AM				
1 PM				
2 PM				
3 PM				
4 PM				
5 PM				
6 PM				
7 PM				
8 PM				
9 PM				
10 PM				

Subjects

1. _____
2. _____
3. _____
4. _____

Color Codes

- ☐ _____
- ☐ _____
- ☐ _____
- ☐ _____
- ☐ _____

Topics

- ☐ _____
- ☐ _____
- ☐ _____
- ☐ _____
- ☐ _____
- ☐ _____
- ☐ _____

Chapters

- ☐ _____
- ☐ _____
- ☐ _____
- ☐ _____
- ☐ _____
- ☐ _____

Semester: _____   Exam / Test _____

	00-15	15-30	30-45	45-00
6 AM				
7 AM				
8 AM				
9 AM				
10 AM				
11 AM				
12 AM				
1 PM				
2 PM				
3 PM				
4 PM				
5 PM				
6 PM				
7 PM				
8 PM				
9 PM				
10 PM				

Subjects

1. _____
2. _____
3. _____
4. _____

Color Codes

☐ _____
☐ _____
☐ _____
☐ _____
☐ _____

Topics

☐ _____
☐ _____
☐ _____
☐ _____
☐ _____
☐ _____
☐ _____

Chapters

☐ _____
☐ _____
☐ _____
☐ _____
☐ _____
☐ _____

Semester: _____ Exam / Test _____

	00-15	15-30	30-45	45-00
6 AM				
7 AM				
8 AM				
9 AM				
10 AM				
11 AM				
12 AM				
1 PM				
2 PM				
3 PM				
4 PM				
5 PM				
6 PM				
7 PM				
8 PM				
9 PM				
10 PM				

Subjects

1. _____
2. _____
3. _____
4. _____

Color Codes

☐ _____
☐ _____
☐ _____
☐ _____
☐ _____

Topics

☐ _____
☐ _____
☐ _____
☐ _____
☐ _____
☐ _____
☐ _____

Chapters

☐ _____
☐ _____
☐ _____
☐ _____
☐ _____
☐ _____

Semester: _____ Exam / Test _____

	00-15	15-30	30-45	45-00
6 AM				
7 AM				
8 AM				
9 AM				
10 AM				
11 AM				
12 AM				
1 PM				
2 PM				
3 PM				
4 PM				
5 PM				
6 PM				
7 PM				
8 PM				
9 PM				
10 PM				

Subjects

1. _____
2. _____
3. _____
4. _____

Color Codes

- ☐ _____
- ☐ _____
- ☐ _____
- ☐ _____
- ☐ _____

Topics

- ☐ _____
- ☐ _____
- ☐ _____
- ☐ _____
- ☐ _____
- ☐ _____
- ☐ _____

Chapters

- ☐ _____
- ☐ _____
- ☐ _____
- ☐ _____
- ☐ _____
- ☐ _____

	00-15	15-30	30-45	45-00
6 AM				
7 AM				
8 AM				
9 AM				
10 AM				
11 AM				
12 AM				
1 PM				
2 PM				
3 PM				
4 PM				
5 PM				
6 PM				
7 PM				
8 PM				
9 PM				
10 PM				

Subjects

1. _____
2. _____
3. _____
4. _____

Color Codes

☐ _____
☐ _____
☐ _____
☐ _____
☐ _____

Topics

☐ _____
☐ _____
☐ _____
☐ _____
☐ _____
☐ _____
☐ _____

Chapters

☐ _____
☐ _____
☐ _____
☐ _____
☐ _____
☐ _____

Semester: _____ Exam / Test _____

	00-15	15-30	30-45	45-00
6 AM				
7 AM				
8 AM				
9 AM				
10 AM				
11 AM				
12 AM				
1 PM				
2 PM				
3 PM				
4 PM				
5 PM				
6 PM				
7 PM				
8 PM				
9 PM				
10 PM				

Subjects

1. _____
2. _____
3. _____
4. _____

Color Codes

☐ _____
☐ _____
☐ _____
☐ _____
☐ _____

Topics

☐ _____
☐ _____
☐ _____
☐ _____
☐ _____
☐ _____
☐ _____

Chapters

☐ _____
☐ _____
☐ _____
☐ _____
☐ _____
☐ _____

Semester: _____ Exam / Test _____

	00-15	15-30	30-45	45-00
6 AM				
7 AM				
8 AM				
9 AM				
10 AM				
11 AM				
12 AM				
1 PM				
2 PM				
3 PM				
4 PM				
5 PM				
6 PM				
7 PM				
8 PM				
9 PM				
10 PM				

Subjects

1. _____
2. _____
3. _____
4. _____

Color Codes

- ☐ _____
- ☐ _____
- ☐ _____
- ☐ _____
- ☐

Topics

- ☐ _____
- ☐ _____
- ☐ _____
- ☐ _____
- ☐ _____
- ☐ _____
- ☐ _____

Chapters

- ☐ _____
- ☐ _____
- ☐ _____
- ☐ _____
- ☐ _____
- ☐ _____

Semester: _____ Exam / Test _____

	00-15	15-30	30-45	45-00
6 AM				
7 AM				
8 AM				
9 AM				
10 AM				
11 AM				
12 AM				
1 PM				
2 PM				
3 PM				
4 PM				
5 PM				
6 PM				
7 PM				
8 PM				
9 PM				
10 PM				

Subjects

1. _____
2. _____
3. _____
4. _____

Color Codes

☐ _____
☐ _____
☐ _____
☐ _____
☐ _____

Topics

☐ _____
☐ _____
☐ _____
☐ _____
☐ _____
☐ _____
☐ _____

Chapters

☐ _____
☐ _____
☐ _____
☐ _____
☐ _____
☐ _____

Semester: _____   Exam / Test _____

	00-15	15-30	30-45	45-00
6 AM				
7 AM				
8 AM				
9 AM				
10 AM				
11 AM				
12 AM				
1 PM				
2 PM				
3 PM				
4 PM				
5 PM				
6 PM				
7 PM				
8 PM				
9 PM				
10 PM				

Subjects

1. _____
2. _____
3. _____
4. _____

Color Codes

- ☐ _____
- ☐ _____
- ☐ _____
- ☐ _____
- ☐ _____

Topics

- ☐ _____
- ☐ _____
- ☐ _____
- ☐ _____
- ☐ _____
- ☐ _____
- ☐ _____

Chapters

- ☐ _____
- ☐ _____
- ☐ _____
- ☐ _____
- ☐ _____
- ☐ _____

Semester: _____ Exam / Test _____

	00-15	15-30	30-45	45-00
6 AM				
7 AM				
8 AM				
9 AM				
10 AM				
11 AM				
12 AM				
1 PM				
2 PM				
3 PM				
4 PM				
5 PM				
6 PM				
7 PM				
8 PM				
9 PM				
10 PM				

Subjects

1. _____
2. _____
3. _____
4. _____

Color Codes

☐ _____
☐ _____
☐ _____
☐ _____
☐ _____

Topics

☐ _____
☐ _____
☐ _____
☐ _____
☐ _____
☐ _____
☐ _____

Chapters

☐ _____
☐ _____
☐ _____
☐ _____
☐ _____
☐ _____

Semester: _____ Exam / Test _____

	00-15	15-30	30-45	45-00
6 AM				
7 AM				
8 AM				
9 AM				
10 AM				
11 AM				
12 AM				
1 PM				
2 PM				
3 PM				
4 PM				
5 PM				
6 PM				
7 PM				
8 PM				
9 PM				
10 PM				

Subjects

1. _____
2. _____
3. _____
4. _____

Color Codes

- ☐ _____
- ☐ _____
- ☐ _____
- ☐ _____
- ☐ _____

Topics

- ☐ _____
- ☐ _____
- ☐ _____
- ☐ _____
- ☐ _____
- ☐ _____

Chapters

- ☐ _____
- ☐ _____
- ☐ _____
- ☐ _____
- ☐ _____
- ☐ _____

Semester: _____   Exam / Test _____

	00-15	15-30	30-45	45-00
6 AM				
7 AM				
8 AM				
9 AM				
10 AM				
11 AM				
12 AM				
1 PM				
2 PM				
3 PM				
4 PM				
5 PM				
6 PM				
7 PM				
8 PM				
9 PM				
10 PM				

Subjects

1. _____
2. _____
3. _____
4. _____

Color Codes

☐ _____
☐ _____
☐ _____
☐ _____
☐ _____

Topics

☐ _____
☐ _____
☐ _____
☐ _____
☐ _____
☐ _____
☐ _____

Chapters

☐ _____
☐ _____
☐ _____
☐ _____
☐ _____
☐ _____

Semester: _____ Exam / Test _____

	00-15	15-30	30-45	45-00
6 AM				
7 AM				
8 AM				
9 AM				
10 AM				
11 AM				
12 AM				
1 PM				
2 PM				
3 PM				
4 PM				
5 PM				
6 PM				
7 PM				
8 PM				
9 PM				
10 PM				

Subjects

1. _____
2. _____
3. _____
4. _____

Color Codes

☐ _____
☐ _____
☐ _____
☐ _____
☐ _____

Topics

☐ _____
☐ _____
☐ _____
☐ _____
☐ _____
☐ _____
☐ _____

Chapters

☐ _____
☐ _____
☐ _____
☐ _____
☐ _____
☐ _____

Semester: _____ Exam / Test _____

	00-15	15-30	30-45	45-00
6 AM				
7 AM				
8 AM				
9 AM				
10 AM				
11 AM				
12 AM				
1 PM				
2 PM				
3 PM				
4 PM				
5 PM				
6 PM				
7 PM				
8 PM				
9 PM				
10 PM				

Subjects

1. _____
2. _____
3. _____
4. _____

Color Codes

☐ _____
☐ _____
☐ _____
☐ _____
☐ _____

Topics

☐ _____
☐ _____
☐ _____
☐ _____
☐ _____
☐ _____
☐ _____

Chapters

☐ _____
☐ _____
☐ _____
☐ _____
☐ _____
☐ _____

	00-15	15-30	30-45	45-00
6 AM				
7 AM				
8 AM				
9 AM				
10 AM				
11 AM				
12 AM				
1 PM				
2 PM				
3 PM				
4 PM				
5 PM				
6 PM				
7 PM				
8 PM				
9 PM				
10 PM				

Subjects

1. _____
2. _____
3. _____
4. _____

Color Codes

☐ _____
☐ _____
☐ _____
☐ _____
☐ _____

Topics

☐ _____
☐ _____
☐ _____
☐ _____
☐ _____
☐ _____
☐ _____

Chapters

☐ _____
☐ _____
☐ _____
☐ _____
☐ _____
☐ _____

Semester: _____ Exam / Test _____

	00-15	15-30	30-45	45-00
6 AM				
7 AM				
8 AM				
9 AM				
10 AM				
11 AM				
12 AM				
1 PM				
2 PM				
3 PM				
4 PM				
5 PM				
6 PM				
7 PM				
8 PM				
9 PM				
10 PM				

Subjects

1. _____
2. _____
3. _____
4. _____

Color Codes

☐ _____
☐ _____
☐ _____
☐ _____
☐ _____

Topics

☐ _____
☐ _____
☐ _____
☐ _____
☐ _____
☐ _____
☐ _____

Chapters

☐ _____
☐ _____
☐ _____
☐ _____
☐ _____
☐ _____

	00-15	15-30	30-45	45-00
6 AM				
7 AM				
8 AM				
9 AM				
10 AM				
11 AM				
12 AM				
1 PM				
2 PM				
3 PM				
4 PM				
5 PM				
6 PM				
7 PM				
8 PM				
9 PM				
10 PM				

Subjects

1. _____
2. _____
3. _____
4. _____

Color Codes

○ _____
○ _____
○ _____
○ _____
○ _____

Topics

○ _____
○ _____
○ _____
○ _____
○ _____
○ _____
○ _____

Chapters

○ _____
○ _____
○ _____
○ _____
○ _____
○ _____

Semester: _____ Exam / Test _____

	00-15	15-30	30-45	45-00
6 AM				
7 AM				
8 AM				
9 AM				
10 AM				
11 AM				
12 AM				
1 PM				
2 PM				
3 PM				
4 PM				
5 PM				
6 PM				
7 PM				
8 PM				
9 PM				
10 PM				

Subjects

1. _____
2. _____
3. _____
4. _____

Color Codes

- ⬜ _____
- ⬜ _____
- ⬜ _____
- ⬜ _____
- ⬜ _____

Topics

- ⬜ _____
- ⬜ _____
- ⬜ _____
- ⬜ _____
- ⬜ _____
- ⬜ _____
- ⬜ _____

Chapters

- ⬜ _____
- ⬜ _____
- ⬜ _____
- ⬜ _____
- ⬜ _____
- ⬜ _____

Semester: _____ Exam / Test _____

	00-15	15-30	30-45	45-00
6 AM				
7 AM				
8 AM				
9 AM				
10 AM				
11 AM				
12 AM				
1 PM				
2 PM				
3 PM				
4 PM				
5 PM				
6 PM				
7 PM				
8 PM				
9 PM				
10 PM				

Subjects

1. _____
2. _____
3. _____
4. _____

Color Codes

☐ _____
☐ _____
☐ _____
☐ _____
☐ _____

Topics

☐ _____
☐ _____
☐ _____
☐ _____
☐ _____
☐ _____
☐ _____

Chapters

☐ _____
☐ _____
☐ _____
☐ _____
☐ _____
☐ _____

Semester: _____ Exam / Test _____

	00-15	15-30	30-45	45-00
6 AM				
7 AM				
8 AM				
9 AM				
10 AM				
11 AM				
12 AM				
1 PM				
2 PM				
3 PM				
4 PM				
5 PM				
6 PM				
7 PM				
8 PM				
9 PM				
10 PM				

Subjects

1. _____
2. _____
3. _____
4. _____

Color Codes

- _____
- _____
- _____
- _____
- _____

Topics

- _____
- _____
- _____
- _____
- _____
- _____
- _____

Chapters

- _____
- _____
- _____
- _____
- _____
- _____

Semester: _____ Exam / Test _____

	00-15	15-30	30-45	45-00
6 AM				
7 AM				
8 AM				
9 AM				
10 AM				
11 AM				
12 AM				
1 PM				
2 PM				
3 PM				
4 PM				
5 PM				
6 PM				
7 PM				
8 PM				
9 PM				
10 PM				

Subjects

1. _____
2. _____
3. _____
4. _____

Color Codes

☐ _____
☐ _____
☐ _____
☐ _____
☐ _____

Topics

☐ _____
☐ _____
☐ _____
☐ _____
☐ _____
☐ _____
☐ _____

Chapters

☐ _____
☐ _____
☐ _____
☐ _____
☐ _____
☐ _____

Semester: _____ Exam / Test _____

	00-15	15-30	30-45	45-00
6 AM				
7 AM				
8 AM				
9 AM				
10 AM				
11 AM				
12 AM				
1 PM				
2 PM				
3 PM				
4 PM				
5 PM				
6 PM				
7 PM				
8 PM				
9 PM				
10 PM				

Subjects

1. _____
2. _____
3. _____
4. _____

Color Codes

☐ _____
☐ _____
☐ _____
☐ _____
☐ _____

Topics

☐ _____
☐ _____
☐ _____
☐ _____
☐ _____
☐ _____
☐ _____

Chapters

☐ _____
☐ _____
☐ _____
☐ _____
☐ _____
☐ _____

Semester: _____ Exam / Test _____

	00-15	15-30	30-45	45-00
6 AM				
7 AM				
8 AM				
9 AM				
10 AM				
11 AM				
12 AM				
1 PM				
2 PM				
3 PM				
4 PM				
5 PM				
6 PM				
7 PM				
8 PM				
9 PM				
10 PM				

Subjects

1. _____
2. _____
3. _____
4. _____

Color Codes

☐ _____
☐ _____
☐ _____
☐ _____
☐ _____

Topics

☐ _____
☐ _____
☐ _____
☐ _____
☐ _____
☐ _____
☐ _____

Chapters

☐ _____
☐ _____
☐ _____
☐ _____
☐ _____
☐ _____

	00-15	15-30	30-45	45-00
6 AM				
7 AM				
8 AM				
9 AM				
10 AM				
11 AM				
12 AM				
1 PM				
2 PM				
3 PM				
4 PM				
5 PM				
6 PM				
7 PM				
8 PM				
9 PM				
10 PM				

Subjects

1. _____
2. _____
3. _____
4. _____

Color Codes

○ _____
○ _____
○ _____
○ _____
○ _____

Topics

○ _____
○ _____
○ _____
○ _____
○ _____
○ _____
○ _____

Chapters

○ _____
○ _____
○ _____
○ _____
○ _____
○ _____

Semester: _____ Exam / Test _____

	00-15	15-30	30-45	45-00
6 AM				
7 AM				
8 AM				
9 AM				
10 AM				
11 AM				
12 AM				
1 PM				
2 PM				
3 PM				
4 PM				
5 PM				
6 PM				
7 PM				
8 PM				
9 PM				
10 PM				

Subjects

1. _____
2. _____
3. _____
4. _____

Color Codes

☐ _____
☐ _____
☐ _____
☐ _____
☐ _____

Topics

☐ _____
☐ _____
☐ _____
☐ _____
☐ _____
☐ _____

Chapters

☐ _____
☐ _____
☐ _____
☐ _____
☐ _____
☐ _____

Semester: _____ Exam / Test _____

	00-15	15-30	30-45	45-00
6 AM				
7 AM				
8 AM				
9 AM				
10 AM				
11 AM				
12 AM				
1 PM				
2 PM				
3 PM				
4 PM				
5 PM				
6 PM				
7 PM				
8 PM				
9 PM				
10 PM				

Subjects

1. _____
2. _____
3. _____
4. _____

Color Codes

- [ ] _____
- [ ] _____
- [ ] _____
- [ ] _____
- [ ] _____

Topics

- [ ] _____
- [ ] _____
- [ ] _____
- [ ] _____
- [ ] _____
- [ ] _____
- [ ] _____

Chapters

- [ ] _____
- [ ] _____
- [ ] _____
- [ ] _____
- [ ] _____
- [ ] _____

	00-15	15-30	30-45	45-00
6 AM				
7 AM				
8 AM				
9 AM				
10 AM				
11 AM				
12 AM				
1 PM				
2 PM				
3 PM				
4 PM				
5 PM				
6 PM				
7 PM				
8 PM				
9 PM				
10 PM				

Subjects

1. _____
2. _____
3. _____
4. _____

Color Codes

☐ _____
☐ _____
☐ _____
☐ _____
☐ _____

Topics

☐ _____
☐ _____
☐ _____
☐ _____
☐ _____
☐ _____
☐ _____

Chapters

☐ _____
☐ _____
☐ _____
☐ _____
☐ _____
☐ _____

Semester: _____   Exam / Test _____

	00-15	15-30	30-45	45-00
6 AM				
7 AM				
8 AM				
9 AM				
10 AM				
11 AM				
12 AM				
1 PM				
2 PM				
3 PM				
4 PM				
5 PM				
6 PM				
7 PM				
8 PM				
9 PM				
10 PM				

Subjects

1. _____
2. _____
3. _____
4. _____

Color Codes

☐ _____
☐ _____
☐ _____
☐ _____
☐ _____

Topics

☐ _____
☐ _____
☐ _____
☐ _____
☐ _____
☐ _____
☐ _____

Chapters

☐ _____
☐ _____
☐ _____
☐ _____
☐ _____
☐ _____

	00-15	15-30	30-45	45-00
6 AM				
7 AM				
8 AM				
9 AM				
10 AM				
11 AM				
12 AM				
1 PM				
2 PM				
3 PM				
4 PM				
5 PM				
6 PM				
7 PM				
8 PM				
9 PM				
10 PM				

Subjects

1. _____
2. _____
3. _____
4. _____

Color Codes

- [ ] _____
- [ ] _____
- [ ] _____
- [ ] _____
- [ ] _____

Topics

- [ ] _____
- [ ] _____
- [ ] _____
- [ ] _____
- [ ] _____
- [ ] _____

Chapters

- [ ] _____
- [ ] _____
- [ ] _____
- [ ] _____
- [ ] _____
- [ ] _____

Semester: _____   Exam / Test _____

	00-15	15-30	30-45	45-00
6 AM				
7 AM				
8 AM				
9 AM				
10 AM				
11 AM				
12 AM				
1 PM				
2 PM				
3 PM				
4 PM				
5 PM				
6 PM				
7 PM				
8 PM				
9 PM				
10 PM				

Subjects

1. _____
2. _____
3. _____
4. _____

Color Codes

☐ _____
☐ _____
☐ _____
☐ _____
☐ _____

Topics

☐ _____
☐ _____
☐ _____
☐ _____
☐ _____
☐ _____
☐ _____

Chapters

☐ _____
☐ _____
☐ _____
☐ _____
☐ _____
☐ _____

	00-15	15-30	30-45	45-00
6 AM				
7 AM				
8 AM				
9 AM				
10 AM				
11 AM				
12 AM				
1 PM				
2 PM				
3 PM				
4 PM				
5 PM				
6 PM				
7 PM				
8 PM				
9 PM				
10 PM				

Subjects

1. _____
2. _____
3. _____
4. _____

Color Codes

☐ _____
☐ _____
☐ _____
☐ _____
☐ _____

Topics

☐ _____
☐ _____
☐ _____
☐ _____
☐ _____
☐ _____
☐ _____

Chapters

☐ _____
☐ _____
☐ _____
☐ _____
☐ _____
☐ _____

Semester: _____ Exam / Test _____

	00-15	15-30	30-45	45-00
6 AM				
7 AM				
8 AM				
9 AM				
10 AM				
11 AM				
12 AM				
1 PM				
2 PM				
3 PM				
4 PM				
5 PM				
6 PM				
7 PM				
8 PM				
9 PM				
10 PM				

Subjects

1. _____
2. _____
3. _____
4. _____

Color Codes

- ☐ _____
- ☐ _____
- ☐ _____
- ☐ _____
- ☐ _____

Topics

- ☐ _____
- ☐ _____
- ☐ _____
- ☐ _____
- ☐ _____
- ☐ _____
- ☐ _____

Chapters

- ☐ _____
- ☐ _____
- ☐ _____
- ☐ _____
- ☐ _____
- ☐ _____

Semester: _____ Exam / Test _____

	00-15	15-30	30-45	45-00
6 AM				
7 AM				
8 AM				
9 AM				
10 AM				
11 AM				
12 AM				
1 PM				
2 PM				
3 PM				
4 PM				
5 PM				
6 PM				
7 PM				
8 PM				
9 PM				
10 PM				

Subjects

1. _____
2. _____
3. _____
4. _____

Color Codes

☐ _____
☐ _____
☐ _____
☐ _____
☐ _____

Topics

☐ _____
☐ _____
☐ _____
☐ _____
☐ _____
☐ _____
☐ _____

Chapters

☐ _____
☐ _____
☐ _____
☐ _____
☐ _____
☐ _____

Semester: _____   Exam / Test _____

	00-15	15-30	30-45	45-00
6 AM				
7 AM				
8 AM				
9 AM				
10 AM				
11 AM				
12 AM				
1 PM				
2 PM				
3 PM				
4 PM				
5 PM				
6 PM				
7 PM				
8 PM				
9 PM				
10 PM				

Subjects

1. _____
2. _____
3. _____
4. _____

Color Codes

☐ _____
☐ _____
☐ _____
☐ _____
☐ _____

Topics

☐ _____
☐ _____
☐ _____
☐ _____
☐ _____
☐ _____
☐ _____

Chapters

☐ _____
☐ _____
☐ _____
☐ _____
☐ _____
☐ _____

Semester: _____ Exam / Test _____

	00-15	15-30	30-45	45-00
6 AM				
7 AM				
8 AM				
9 AM				
10 AM				
11 AM				
12 AM				
1 PM				
2 PM				
3 PM				
4 PM				
5 PM				
6 PM				
7 PM				
8 PM				
9 PM				
10 PM				

Subjects

1. _____
2. _____
3. _____
4. _____

Color Codes

- ☐ _____
- ☐ _____
- ☐ _____
- ☐ _____
- ☐ _____

Topics

- ☐ _____
- ☐ _____
- ☐ _____
- ☐ _____
- ☐ _____
- ☐ _____
- ☐ _____

Chapters

- ☐ _____
- ☐ _____
- ☐ _____
- ☐ _____
- ☐ _____
- ☐ _____

	00-15	15-30	30-45	45-00
6 AM				
7 AM				
8 AM				
9 AM				
10 AM				
11 AM				
12 AM				
1 PM				
2 PM				
3 PM				
4 PM				
5 PM				
6 PM				
7 PM				
8 PM				
9 PM				
10 PM				

Subjects

1. _____
2. _____
3. _____
4. _____

Color Codes

☐ _____
☐ _____
☐ _____
☐ _____
☐ _____

Topics

☐ _____
☐ _____
☐ _____
☐ _____
☐ _____
☐ _____
☐ _____

Chapters

☐ _____
☐ _____
☐ _____
☐ _____
☐ _____
☐ _____

Semester: _____ Exam / Test _____

	00-15	15-30	30-45	45-00
6 AM				
7 AM				
8 AM				
9 AM				
10 AM				
11 AM				
12 AM				
1 PM				
2 PM				
3 PM				
4 PM				
5 PM				
6 PM				
7 PM				
8 PM				
9 PM				
10 PM				

Subjects

1. _____
2. _____
3. _____
4. _____

Color Codes

☐ _____
☐ _____
☐ _____
☐ _____
☐ _____

Topics

☐ _____
☐ _____
☐ _____
☐ _____
☐ _____
☐ _____
☐ _____

Chapters

☐ _____
☐ _____
☐ _____
☐ _____
☐ _____
☐ _____

Semester: _____ Exam / Test _____

	00-15	15-30	30-45	45-00
6 AM				
7 AM				
8 AM				
9 AM				
10 AM				
11 AM				
12 AM				
1 PM				
2 PM				
3 PM				
4 PM				
5 PM				
6 PM				
7 PM				
8 PM				
9 PM				
10 PM				

Subjects

1. _____
2. _____
3. _____
4. _____

Color Codes

- ☐ _____
- ☐ _____
- ☐ _____
- ☐ _____
- ☐ _____

Topics

- ☐ _____
- ☐ _____
- ☐ _____
- ☐ _____
- ☐ _____
- ☐ _____
- ☐ _____

Chapters

- ☐ _____
- ☐ _____
- ☐ _____
- ☐ _____
- ☐ _____
- ☐ _____

	00-15	15-30	30-45	45-00
6 AM				
7 AM				
8 AM				
9 AM				
10 AM				
11 AM				
12 AM				
1 PM				
2 PM				
3 PM				
4 PM				
5 PM				
6 PM				
7 PM				
8 PM				
9 PM				
10 PM				

Subjects

1. _____
2. _____
3. _____
4. _____

Color Codes

☐ _____
☐ _____
☐ _____
☐ _____
☐ _____

Topics

☐ _____
☐ _____
☐ _____
☐ _____
☐ _____
☐ _____

Chapters

☐ _____
☐ _____
☐ _____
☐ _____
☐ _____
☐ _____

	00-15	15-30	30-45	45-00
6 AM				
7 AM				
8 AM				
9 AM				
10 AM				
11 AM				
12 AM				
1 PM				
2 PM				
3 PM				
4 PM				
5 PM				
6 PM				
7 PM				
8 PM				
9 PM				
10 PM				

Subjects

1. _____
2. _____
3. _____
4. _____

Color Codes

☐ _____
☐ _____
☐ _____
☐ _____
☐ _____

Topics

☐ _____
☐ _____
☐ _____
☐ _____
☐ _____
☐ _____
☐ _____

Chapters

☐ _____
☐ _____
☐ _____
☐ _____
☐ _____
☐ _____

	00-15	15-30	30-45	45-00
6 AM				
7 AM				
8 AM				
9 AM				
10 AM				
11 AM				
12 AM				
1 PM				
2 PM				
3 PM				
4 PM				
5 PM				
6 PM				
7 PM				
8 PM				
9 PM				
10 PM				

Subjects

1. _____
2. _____
3. _____
4. _____

Color Codes

☐ _____
☐ _____
☐ _____
☐ _____
☐ _____

Topics

☐ _____
☐ _____
☐ _____
☐ _____
☐ _____
☐ _____
☐ _____

Chapters

☐ _____
☐ _____
☐ _____
☐ _____
☐ _____
☐ _____

	00-15	15-30	30-45	45-00
6 AM				
7 AM				
8 AM				
9 AM				
10 AM				
11 AM				
12 AM				
1 PM				
2 PM				
3 PM				
4 PM				
5 PM				
6 PM				
7 PM				
8 PM				
9 PM				
10 PM				

Subjects

1. _____
2. _____
3. _____
4. _____

Color Codes

- ⬭ _____
- ⬭ _____
- ⬭ _____
- ⬭ _____
- ⬭ _____

Topics

- ⬭ _____
- ⬭ _____
- ⬭ _____
- ⬭ _____
- ⬭ _____
- ⬭ _____
- ⬭ _____

Chapters

- ⬭ _____
- ⬭ _____
- ⬭ _____
- ⬭ _____
- ⬭ _____
- ⬭ _____

	00-15	15-30	30-45	45-00
6 AM				
7 AM				
8 AM				
9 AM				
10 AM				
11 AM				
12 AM				
1 PM				
2 PM				
3 PM				
4 PM				
5 PM				
6 PM				
7 PM				
8 PM				
9 PM				
10 PM				

Subjects

1. _____
2. _____
3. _____
4. _____

Color Codes

☐ _____
☐ _____
☐ _____
☐ _____
☐ _____

Topics

☐ _____
☐ _____
☐ _____
☐ _____
☐ _____
☐ _____
☐ _____

Chapters

☐ _____
☐ _____
☐ _____
☐ _____
☐ _____
☐ _____

Semester: _____ Exam / Test _____

	00-15	15-30	30-45	45-00
6 AM				
7 AM				
8 AM				
9 AM				
10 AM				
11 AM				
12 AM				
1 PM				
2 PM				
3 PM				
4 PM				
5 PM				
6 PM				
7 PM				
8 PM				
9 PM				
10 PM				

Subjects

1. _____
2. _____
3. _____
4. _____

Color Codes

☐ _____
☐ _____
☐ _____
☐ _____
☐ _____

Topics

☐ _____
☐ _____
☐ _____
☐ _____
☐ _____
☐ _____
☐ _____

Chapters

☐ _____
☐ _____
☐ _____
☐ _____
☐ _____
☐ _____

Semester: _____   Exam / Test _____

	00-15	15-30	30-45	45-00
6 AM				
7 AM				
8 AM				
9 AM				
10 AM				
11 AM				
12 AM				
1 PM				
2 PM				
3 PM				
4 PM				
5 PM				
6 PM				
7 PM				
8 PM				
9 PM				
10 PM				

Subjects

1. _____
2. _____
3. _____
4. _____

Color Codes

- ☐ _____
- ☐ _____
- ☐ _____
- ☐ _____
- ☐ _____

Topics

- ☐ _____
- ☐ _____
- ☐ _____
- ☐ _____
- ☐ _____
- ☐ _____
- ☐ _____

Chapters

- ☐ _____
- ☐ _____
- ☐ _____
- ☐ _____
- ☐ _____
- ☐ _____

	00-15	15-30	30-45	45-00
6 AM				
7 AM				
8 AM				
9 AM				
10 AM				
11 AM				
12 AM				
1 PM				
2 PM				
3 PM				
4 PM				
5 PM				
6 PM				
7 PM				
8 PM				
9 PM				
10 PM				

Subjects

1. _____
2. _____
3. _____
4. _____

Color Codes

☐ _____
☐ _____
☐ _____
☐ _____
☐ _____

Topics

☐ _____
☐ _____
☐ _____
☐ _____
☐ _____
☐ _____
☐ _____

Chapters

☐ _____
☐ _____
☐ _____
☐ _____
☐ _____
☐ _____

Semester: _____ Exam / Test _____

	00-15	15-30	30-45	45-00
6 AM				
7 AM				
8 AM				
9 AM				
10 AM				
11 AM				
12 AM				
1 PM				
2 PM				
3 PM				
4 PM				
5 PM				
6 PM				
7 PM				
8 PM				
9 PM				
10 PM				

Subjects

1. _____
2. _____
3. _____
4. _____

Color Codes

☐ _____
☐ _____
☐ _____
☐ _____
☐ _____

Topics

☐ _____
☐ _____
☐ _____
☐ _____
☐ _____
☐ _____
☐ _____

Chapters

☐ _____
☐ _____
☐ _____
☐ _____
☐ _____
☐ _____

Semester: _____   Exam / Test _____

	00-15	15-30	30-45	45-00
6 AM				
7 AM				
8 AM				
9 AM				
10 AM				
11 AM				
12 AM				
1 PM				
2 PM				
3 PM				
4 PM				
5 PM				
6 PM				
7 PM				
8 PM				
9 PM				
10 PM				

Subjects

1. _____
2. _____
3. _____
4. _____

Color Codes

- ☐ _____
- ☐ _____
- ☐ _____
- ☐ _____
- ☐ _____

Topics

- ☐ _____
- ☐ _____
- ☐ _____
- ☐ _____
- ☐ _____
- ☐ _____
- ☐ _____

Chapters

- ☐ _____
- ☐ _____
- ☐ _____
- ☐ _____
- ☐ _____
- ☐ _____

	00-15	15-30	30-45	45-00
6 AM				
7 AM				
8 AM				
9 AM				
10 AM				
11 AM				
12 AM				
1 PM				
2 PM				
3 PM				
4 PM				
5 PM				
6 PM				
7 PM				
8 PM				
9 PM				
10 PM				

Subjects

1. _____
2. _____
3. _____
4. _____

Color Codes

☐ _____
☐ _____
☐ _____
☐ _____
☐ _____

Topics

☐ _____
☐ _____
☐ _____
☐ _____
☐ _____
☐ _____
☐ _____

Chapters

☐ _____
☐ _____
☐ _____
☐ _____
☐ _____
☐ _____

Semester: _____ Exam / Test _____

	00-15	15-30	30-45	45-00
6 AM				
7 AM				
8 AM				
9 AM				
10 AM				
11 AM				
12 AM				
1 PM				
2 PM				
3 PM				
4 PM				
5 PM				
6 PM				
7 PM				
8 PM				
9 PM				
10 PM				

Subjects

1. _____
2. _____
3. _____
4. _____

Color Codes

- ☐ _____
- ☐ _____
- ☐ _____
- ☐ _____
- ☐ _____

Topics

- ☐ _____
- ☐ _____
- ☐ _____
- ☐ _____
- ☐ _____
- ☐ _____
- ☐ _____

Chapters

- ☐ _____
- ☐ _____
- ☐ _____
- ☐ _____
- ☐ _____
- ☐ _____

	00-15	15-30	30-45	45-00
6 AM				
7 AM				
8 AM				
9 AM				
10 AM				
11 AM				
12 AM				
1 PM				
2 PM				
3 PM				
4 PM				
5 PM				
6 PM				
7 PM				
8 PM				
9 PM				
10 PM				

Subjects

1. _____
2. _____
3. _____
4. _____

Color Codes

☐ _____
☐ _____
☐ _____
☐ _____
☐ _____

Topics

☐ _____
☐ _____
☐ _____
☐ _____
☐ _____
☐ _____

Chapters

☐ _____
☐ _____
☐ _____
☐ _____
☐ _____
☐ _____

Semester: _____ Exam / Test _____

	00-15	15-30	30-45	45-00
6 AM				
7 AM				
8 AM				
9 AM				
10 AM				
11 AM				
12 AM				
1 PM				
2 PM				
3 PM				
4 PM				
5 PM				
6 PM				
7 PM				
8 PM				
9 PM				
10 PM				

Subjects

1. _____
2. _____
3. _____
4. _____

Color Codes

☐ _____
☐ _____
☐ _____
☐ _____
☐ _____

Topics

☐ _____
☐ _____
☐ _____
☐ _____
☐ _____
☐ _____
☐ _____

Chapters

☐ _____
☐ _____
☐ _____
☐ _____
☐ _____
☐ _____

	00-15	15-30	30-45	45-00
6 AM				
7 AM				
8 AM				
9 AM				
10 AM				
11 AM				
12 AM				
1 PM				
2 PM				
3 PM				
4 PM				
5 PM				
6 PM				
7 PM				
8 PM				
9 PM				
10 PM				

Subjects

1. _____
2. _____
3. _____
4. _____

Color Codes

- ☐ _____
- ☐ _____
- ☐ _____
- ☐ _____
- ☐ _____

Topics

- ☐ _____
- ☐ _____
- ☐ _____
- ☐ _____
- ☐ _____
- ☐ _____
- ☐ _____

Chapters

- ☐ _____
- ☐ _____
- ☐ _____
- ☐ _____
- ☐ _____
- ☐ _____

	00-15	15-30	30-45	45-00
6 AM				
7 AM				
8 AM				
9 AM				
10 AM				
11 AM				
12 AM				
1 PM				
2 PM				
3 PM				
4 PM				
5 PM				
6 PM				
7 PM				
8 PM				
9 PM				
10 PM				

Subjects

1. _____
2. _____
3. _____
4. _____

Color Codes

◯ _____
◯ _____
◯ _____
◯ _____
◯ _____

Topics

◯ _____
◯ _____
◯ _____
◯ _____
◯ _____
◯ _____
◯ _____

Chapters

◯ _____
◯ _____
◯ _____
◯ _____
◯ _____
◯ _____

Semester: _____ Exam / Test _____

	00-15	15-30	30-45	45-00
6 AM				
7 AM				
8 AM				
9 AM				
10 AM				
11 AM				
12 AM				
1 PM				
2 PM				
3 PM				
4 PM				
5 PM				
6 PM				
7 PM				
8 PM				
9 PM				
10 PM				

Subjects

1. _____
2. _____
3. _____
4. _____

Color Codes

☐ _____
☐ _____
☐ _____
☐ _____
☐ _____

Topics

☐ _____
☐ _____
☐ _____
☐ _____
☐ _____
☐ _____

Chapters

☐ _____
☐ _____
☐ _____
☐ _____
☐ _____
☐ _____

Semester: _____ Exam / Test _____

	00-15	15-30	30-45	45-00
6 AM				
7 AM				
8 AM				
9 AM				
10 AM				
11 AM				
12 AM				
1 PM				
2 PM				
3 PM				
4 PM				
5 PM				
6 PM				
7 PM				
8 PM				
9 PM				
10 PM				

Subjects

1. _____
2. _____
3. _____
4. _____

Color Codes

☐ _____
☐ _____
☐ _____
☐ _____
☐ _____

Topics

☐ _____
☐ _____
☐ _____
☐ _____
☐ _____
☐ _____
☐ _____

Chapters

☐ _____
☐ _____
☐ _____
☐ _____
☐ _____
☐ _____

Semester: _____ Exam / Test _____

	00-15	15-30	30-45	45-00
6 AM				
7 AM				
8 AM				
9 AM				
10 AM				
11 AM				
12 AM				
1 PM				
2 PM				
3 PM				
4 PM				
5 PM				
6 PM				
7 PM				
8 PM				
9 PM				
10 PM				

Subjects

1. _____
2. _____
3. _____
4. _____

Color Codes

☐ _____
☐ _____
☐ _____
☐ _____
☐ _____

Topics

☐ _____
☐ _____
☐ _____
☐ _____
☐ _____
☐ _____

Chapters

☐ _____
☐ _____
☐ _____
☐ _____
☐ _____
☐ _____

	00-15	15-30	30-45	45-00
6 AM				
7 AM				
8 AM				
9 AM				
10 AM				
11 AM				
12 AM				
1 PM				
2 PM				
3 PM				
4 PM				
5 PM				
6 PM				
7 PM				
8 PM				
9 PM				
10 PM				

Subjects

1. _____
2. _____
3. _____
4. _____

Color Codes

☐ _____
☐ _____
☐ _____
☐ _____
☐ _____

Topics

☐ _____
☐ _____
☐ _____
☐ _____
☐ _____
☐ _____
☐ _____

Chapters

☐ _____
☐ _____
☐ _____
☐ _____
☐ _____
☐ _____

	00-15	15-30	30-45	45-00
6 AM				
7 AM				
8 AM				
9 AM				
10 AM				
11 AM				
12 AM				
1 PM				
2 PM				
3 PM				
4 PM				
5 PM				
6 PM				
7 PM				
8 PM				
9 PM				
10 PM				

Subjects

1. _____
2. _____
3. _____
4. _____

Color Codes

- ☐ _____
- ☐ _____
- ☐ _____
- ☐ _____
- ☐ _____

Topics

- ☐ _____
- ☐ _____
- ☐ _____
- ☐ _____
- ☐ _____
- ☐ _____
- ☐ _____

Chapters

- ☐ _____
- ☐ _____
- ☐ _____
- ☐ _____
- ☐ _____
- ☐ _____

Semester: _____ Exam / Test _____

	00-15	15-30	30-45	45-00
6 AM				
7 AM				
8 AM				
9 AM				
10 AM				
11 AM				
12 AM				
1 PM				
2 PM				
3 PM				
4 PM				
5 PM				
6 PM				
7 PM				
8 PM				
9 PM				
10 PM				

Subjects

1. _____
2. _____
3. _____
4. _____

Color Codes

◯ _____
◯ _____
◯ _____
◯ _____
◯ _____

Topics

◯ _____
◯ _____
◯ _____
◯ _____
◯ _____
◯ _____
◯ _____

Chapters

◯ _____
◯ _____
◯ _____
◯ _____
◯ _____
◯ _____

Semester: _____ Exam / Test _____

	00-15	15-30	30-45	45-00
6 AM				
7 AM				
8 AM				
9 AM				
10 AM				
11 AM				
12 AM				
1 PM				
2 PM				
3 PM				
4 PM				
5 PM				
6 PM				
7 PM				
8 PM				
9 PM				
10 PM				

Subjects

1. _____
2. _____
3. _____
4. _____

Color Codes

☐ _____
☐ _____
☐ _____
☐ _____
☐ _____

Topics

☐ _____
☐ _____
☐ _____
☐ _____
☐ _____
☐ _____
☐ _____

Chapters

☐ _____
☐ _____
☐ _____
☐ _____
☐ _____
☐ _____

	00-15	15-30	30-45	45-00
6 AM				
7 AM				
8 AM				
9 AM				
10 AM				
11 AM				
12 AM				
1 PM				
2 PM				
3 PM				
4 PM				
5 PM				
6 PM				
7 PM				
8 PM				
9 PM				
10 PM				

Subjects

1. _____
2. _____
3. _____
4. _____

Color Codes

☐ _____
☐ _____
☐ _____
☐ _____
☐ _____

Topics

☐ _____
☐ _____
☐ _____
☐ _____
☐ _____
☐ _____
☐ _____

Chapters

☐ _____
☐ _____
☐ _____
☐ _____
☐ _____
☐ _____

	00-15	15-30	30-45	45-00
6 AM				
7 AM				
8 AM				
9 AM				
10 AM				
11 AM				
12 AM				
1 PM				
2 PM				
3 PM				
4 PM				
5 PM				
6 PM				
7 PM				
8 PM				
9 PM				
10 PM				

Subjects

1. _____
2. _____
3. _____
4. _____

Color Codes

☐ _____
☐ _____
☐ _____
☐ _____
☐ _____

Topics

☐ _____
☐ _____
☐ _____
☐ _____
☐ _____
☐ _____
☐ _____

Chapters

☐ _____
☐ _____
☐ _____
☐ _____
☐ _____
☐ _____

Semester: _____ Exam / Test _____

	00-15	15-30	30-45	45-00
6 AM				
7 AM				
8 AM				
9 AM				
10 AM				
11 AM				
12 AM				
1 PM				
2 PM				
3 PM				
4 PM				
5 PM				
6 PM				
7 PM				
8 PM				
9 PM				
10 PM				

Subjects

1. _____
2. _____
3. _____
4. _____

Color Codes

☐ _____
☐ _____
☐ _____
☐ _____
☐ _____

Topics

☐ _____
☐ _____
☐ _____
☐ _____
☐ _____
☐ _____
☐ _____

Chapters

☐ _____
☐ _____
☐ _____
☐ _____
☐ _____
☐ _____

	00-15	15-30	30-45	45-00
6 AM				
7 AM				
8 AM				
9 AM				
10 AM				
11 AM				
12 AM				
1 PM				
2 PM				
3 PM				
4 PM				
5 PM				
6 PM				
7 PM				
8 PM				
9 PM				
10 PM				

Subjects

1. _____
2. _____
3. _____
4. _____

Color Codes

☐ _____
☐ _____
☐ _____
☐ _____
☐ _____

Topics

☐ _____
☐ _____
☐ _____
☐ _____
☐ _____
☐ _____
☐ _____

Chapters

☐ _____
☐ _____
☐ _____
☐ _____
☐ _____
☐ _____

	00-15	15-30	30-45	45-00
6 AM				
7 AM				
8 AM				
9 AM				
10 AM				
11 AM				
12 AM				
1 PM				
2 PM				
3 PM				
4 PM				
5 PM				
6 PM				
7 PM				
8 PM				
9 PM				
10 PM				

Subjects

1. _____
2. _____
3. _____
4. _____

Color Codes

○ _____
○ _____
○ _____
○ _____
○ _____

Topics

○ _____
○ _____
○ _____
○ _____
○ _____
○ _____
○ _____

Chapters

○ _____
○ _____
○ _____
○ _____
○ _____
○ _____

	00-15	15-30	30-45	45-00
6 AM				
7 AM				
8 AM				
9 AM				
10 AM				
11 AM				
12 AM				
1 PM				
2 PM				
3 PM				
4 PM				
5 PM				
6 PM				
7 PM				
8 PM				
9 PM				
10 PM				

Subjects

1. _____
2. _____
3. _____
4. _____

Color Codes

☐ _____
☐ _____
☐ _____
☐ _____
☐ _____

Topics

☐ _____
☐ _____
☐ _____
☐ _____
☐ _____
☐ _____
☐ _____

Chapters

☐ _____
☐ _____
☐ _____
☐ _____
☐ _____
☐ _____

Semester: _____ Exam / Test _____

	00-15	15-30	30-45	45-00
6 AM				
7 AM				
8 AM				
9 AM				
10 AM				
11 AM				
12 AM				
1 PM				
2 PM				
3 PM				
4 PM				
5 PM				
6 PM				
7 PM				
8 PM				
9 PM				
10 PM				

Subjects

1. _____
2. _____
3. _____
4. _____

Color Codes

- ☐ _____
- ☐ _____
- ☐ _____
- ☐ _____
- ☐ _____

Topics

- ☐ _____
- ☐ _____
- ☐ _____
- ☐ _____
- ☐ _____
- ☐ _____
- ☐ _____

Chapters

- ☐ _____
- ☐ _____
- ☐ _____
- ☐ _____
- ☐ _____
- ☐ _____

Semester: _____ Exam / Test _____

	00-15	15-30	30-45	45-00
6 AM				
7 AM				
8 AM				
9 AM				
10 AM				
11 AM				
12 AM				
1 PM				
2 PM				
3 PM				
4 PM				
5 PM				
6 PM				
7 PM				
8 PM				
9 PM				
10 PM				

Subjects

1. _____
2. _____
3. _____
4. _____

Color Codes

☐ _____
☐ _____
☐ _____
☐ _____
☐ _____

Topics

☐
☐
☐
☐
☐
☐
☐

Chapters

☐
☐
☐
☐
☐
☐

	00-15	15-30	30-45	45-00
6 AM				
7 AM				
8 AM				
9 AM				
10 AM				
11 AM				
12 AM				
1 PM				
2 PM				
3 PM				
4 PM				
5 PM				
6 PM				
7 PM				
8 PM				
9 PM				
10 PM				

Subjects

1. _____
2. _____
3. _____
4. _____

Color Codes

☐ _____
☐ _____
☐ _____
☐ _____
☐ _____

Topics

☐ _____
☐ _____
☐ _____
☐ _____
☐ _____
☐ _____
☐ _____

Chapters

☐ _____
☐ _____
☐ _____
☐ _____
☐ _____
☐ _____

Semester: _____   Exam / Test _____

	00-15	15-30	30-45	45-00
6 AM				
7 AM				
8 AM				
9 AM				
10 AM				
11 AM				
12 AM				
1 PM				
2 PM				
3 PM				
4 PM				
5 PM				
6 PM				
7 PM				
8 PM				
9 PM				
10 PM				

Subjects

1. _____
2. _____
3. _____
4. _____

Color Codes

☐ _____
☐ _____
☐ _____
☐ _____
☐ _____

Topics

☐ _____
☐ _____
☐ _____
☐ _____
☐ _____
☐ _____
☐ _____

Chapters

☐ _____
☐ _____
☐ _____
☐ _____
☐ _____
☐ _____

Semester: _____ Exam / Test _____

	00-15	15-30	30-45	45-00
6 AM				
7 AM				
8 AM				
9 AM				
10 AM				
11 AM				
12 AM				
1 PM				
2 PM				
3 PM				
4 PM				
5 PM				
6 PM				
7 PM				
8 PM				
9 PM				
10 PM				

Subjects

1. _____
2. _____
3. _____
4. _____

Color Codes

- ☐ _____
- ☐ _____
- ☐ _____
- ☐ _____
- ☐ _____

Topics

- ☐ _____
- ☐ _____
- ☐ _____
- ☐ _____
- ☐ _____
- ☐ _____
- ☐ _____

Chapters

- ☐ _____
- ☐ _____
- ☐ _____
- ☐ _____
- ☐ _____
- ☐ _____

Semester: _____ Exam / Test _____

	00-15	15-30	30-45	45-00
6 AM				
7 AM				
8 AM				
9 AM				
10 AM				
11 AM				
12 AM				
1 PM				
2 PM				
3 PM				
4 PM				
5 PM				
6 PM				
7 PM				
8 PM				
9 PM				
10 PM				

Subjects

1. _____
2. _____
3. _____
4. _____

Color Codes

- ☐ _____
- ☐ _____
- ☐ _____
- ☐ _____
- ☐ _____

Topics

- ☐ _____
- ☐ _____
- ☐ _____
- ☐ _____
- ☐ _____
- ☐ _____
- ☐ _____

Chapters

- ☐ _____
- ☐ _____
- ☐ _____
- ☐ _____
- ☐ _____
- ☐ _____
- ☐ _____

	00-15	15-30	30-45	45-00
6 AM				
7 AM				
8 AM				
9 AM				
10 AM				
11 AM				
12 AM				
1 PM				
2 PM				
3 PM				
4 PM				
5 PM				
6 PM				
7 PM				
8 PM				
9 PM				
10 PM				

Subjects

1. _____
2. _____
3. _____
4. _____

Color Codes

- ☐ _____
- ☐ _____
- ☐ _____
- ☐ _____
- ☐ _____

Topics

- ☐ _____
- ☐ _____
- ☐ _____
- ☐ _____
- ☐ _____
- ☐ _____
- ☐ _____

Chapters

- ☐ _____
- ☐ _____
- ☐ _____
- ☐ _____
- ☐ _____
- ☐ _____

Semester: _____ Exam / Test _____

	00-15	15-30	30-45	45-00
6 AM				
7 AM				
8 AM				
9 AM				
10 AM				
11 AM				
12 AM				
1 PM				
2 PM				
3 PM				
4 PM				
5 PM				
6 PM				
7 PM				
8 PM				
9 PM				
10 PM				

Subjects

1. _____
2. _____
3. _____
4. _____

Color Codes

- ☐ _____
- ☐ _____
- ☐ _____
- ☐ _____
- ☐ _____

Topics

- ☐ _____
- ☐ _____
- ☐ _____
- ☐ _____
- ☐ _____
- ☐ _____
- ☐ _____

Chapters

- ☐ _____
- ☐ _____
- ☐ _____
- ☐ _____
- ☐ _____
- ☐ _____

	00-15	15-30	30-45	45-00
6 AM				
7 AM				
8 AM				
9 AM				
10 AM				
11 AM				
12 AM				
1 PM				
2 PM				
3 PM				
4 PM				
5 PM				
6 PM				
7 PM				
8 PM				
9 PM				
10 PM				

Subjects

1. _____
2. _____
3. _____
4. _____

Color Codes

☐ _____
☐ _____
☐ _____
☐ _____
☐ _____

Topics

☐ _____
☐ _____
☐ _____
☐ _____
☐ _____
☐ _____
☐ _____

Chapters

☐ _____
☐ _____
☐ _____
☐ _____
☐ _____
☐ _____

	00-15	15-30	30-45	45-00
6 AM				
7 AM				
8 AM				
9 AM				
10 AM				
11 AM				
12 AM				
1 PM				
2 PM				
3 PM				
4 PM				
5 PM				
6 PM				
7 PM				
8 PM				
9 PM				
10 PM				

Subjects

1. _____
2. _____
3. _____
4. _____

Color Codes

☐ _____
☐ _____
☐ _____
☐ _____
☐ _____

Topics

☐ _____
☐ _____
☐ _____
☐ _____
☐ _____
☐ _____

Chapters

☐ _____
☐ _____
☐ _____
☐ _____
☐ _____
☐ _____

	00-15	15-30	30-45	45-00
6 AM				
7 AM				
8 AM				
9 AM				
10 AM				
11 AM				
12 AM				
1 PM				
2 PM				
3 PM				
4 PM				
5 PM				
6 PM				
7 PM				
8 PM				
9 PM				
10 PM				

Subjects

1. _____
2. _____
3. _____
4. _____

Color Codes

☐ _____
☐ _____
☐ _____
☐ _____
☐ _____

Topics

☐
☐
☐
☐
☐
☐
☐

Chapters

☐
☐
☐
☐
☐
☐

	00-15	15-30	30-45	45-00
6 AM				
7 AM				
8 AM				
9 AM				
10 AM				
11 AM				
12 AM				
1 PM				
2 PM				
3 PM				
4 PM				
5 PM				
6 PM				
7 PM				
8 PM				
9 PM				
10 PM				

Subjects

1. _____
2. _____
3. _____
4. _____

Color Codes

☐ _____
☐ _____
☐ _____
☐ _____
☐ _____

Topics

☐ _____
☐ _____
☐ _____
☐ _____
☐ _____
☐ _____
☐ _____

Chapters

☐ _____
☐ _____
☐ _____
☐ _____
☐ _____
☐ _____

Semester: _____   Exam / Test _____

	00-15	15-30	30-45	45-00
6 AM				
7 AM				
8 AM				
9 AM				
10 AM				
11 AM				
12 AM				
1 PM				
2 PM				
3 PM				
4 PM				
5 PM				
6 PM				
7 PM				
8 PM				
9 PM				
10 PM				

Subjects

1. _____
2. _____
3. _____
4. _____

Color Codes

- ☐ _____
- ☐ _____
- ☐ _____
- ☐ _____
- ☐ _____

Topics

- ☐ _____
- ☐ _____
- ☐ _____
- ☐ _____
- ☐ _____
- ☐ _____
- ☐ _____

Chapters

- ☐ _____
- ☐ _____
- ☐ _____
- ☐ _____
- ☐ _____
- ☐ _____

	00-15	15-30	30-45	45-00
6 AM				
7 AM				
8 AM				
9 AM				
10 AM				
11 AM				
12 AM				
1 PM				
2 PM				
3 PM				
4 PM				
5 PM				
6 PM				
7 PM				
8 PM				
9 PM				
10 PM				

Subjects

1. _____
2. _____
3. _____
4. _____

Color Codes

☐ _____
☐ _____
☐ _____
☐ _____
☐ _____

Topics

☐ _____
☐ _____
☐ _____
☐ _____
☐ _____
☐ _____
☐ _____

Chapters

☐ _____
☐ _____
☐ _____
☐ _____
☐ _____
☐ _____

Semester: _____ Exam / Test _____

	00-15	15-30	30-45	45-00
6 AM				
7 AM				
8 AM				
9 AM				
10 AM				
11 AM				
12 AM				
1 PM				
2 PM				
3 PM				
4 PM				
5 PM				
6 PM				
7 PM				
8 PM				
9 PM				
10 PM				

Subjects

1. _____
2. _____
3. _____
4. _____

Color Codes

- ☐ _____
- ☐ _____
- ☐ _____
- ☐ _____
- ☐ _____

Topics

- ☐ _____
- ☐ _____
- ☐ _____
- ☐ _____
- ☐ _____
- ☐ _____
- ☐ _____

Chapters

- ☐ _____
- ☐ _____
- ☐ _____
- ☐ _____
- ☐ _____
- ☐ _____

Semester: _____   Exam / Test _____

	00-15	15-30	30-45	45-00
6 AM				
7 AM				
8 AM				
9 AM				
10 AM				
11 AM				
12 AM				
1 PM				
2 PM				
3 PM				
4 PM				
5 PM				
6 PM				
7 PM				
8 PM				
9 PM				
10 PM				

Subjects

1. _____
2. _____
3. _____
4. _____

Color Codes

☐ _____
☐ _____
☐ _____
☐ _____
☐ _____

Topics

☐ _____
☐ _____
☐ _____
☐ _____
☐ _____
☐ _____
☐ _____

Chapters

☐ _____
☐ _____
☐ _____
☐ _____
☐ _____
☐ _____
☐ _____

Semester: _____ Exam / Test _____

	00-15	15-30	30-45	45-00
6 AM				
7 AM				
8 AM				
9 AM				
10 AM				
11 AM				
12 AM				
1 PM				
2 PM				
3 PM				
4 PM				
5 PM				
6 PM				
7 PM				
8 PM				
9 PM				
10 PM				

Subjects

1. _____
2. _____
3. _____
4. _____

Color Codes

◯ _____
◯ _____
◯ _____
◯ _____
◯ _____

Topics

◯ _____
◯ _____
◯ _____
◯ _____
◯ _____
◯ _____
◯ _____

Chapters

◯ _____
◯ _____
◯ _____
◯ _____
◯ _____
◯ _____

Semester: _____   Exam / Test _____

	00-15	15-30	30-45	45-00
6 AM				
7 AM				
8 AM				
9 AM				
10 AM				
11 AM				
12 AM				
1 PM				
2 PM				
3 PM				
4 PM				
5 PM				
6 PM				
7 PM				
8 PM				
9 PM				
10 PM				

Subjects

1. _____
2. _____
3. _____
4. _____

Color Codes

☐ _____
☐ _____
☐ _____
☐ _____
☐ _____

Topics

☐ _____
☐ _____
☐ _____
☐ _____
☐ _____
☐ _____
☐ _____

Chapters

☐ _____
☐ _____
☐ _____
☐ _____
☐ _____
☐ _____

Semester: _____ Exam / Test _____

	00-15	15-30	30-45	45-00
6 AM				
7 AM				
8 AM				
9 AM				
10 AM				
11 AM				
12 AM				
1 PM				
2 PM				
3 PM				
4 PM				
5 PM				
6 PM				
7 PM				
8 PM				
9 PM				
10 PM				

Subjects

1. _____
2. _____
3. _____
4. _____

Color Codes

☐ _____
☐ _____
☐ _____
☐ _____
☐ _____

Topics

☐ _____
☐ _____
☐ _____
☐ _____
☐ _____
☐ _____
☐ _____

Chapters

☐ _____
☐ _____
☐ _____
☐ _____
☐ _____
☐ _____

	00-15	15-30	30-45	45-00
6 AM				
7 AM				
8 AM				
9 AM				
10 AM				
11 AM				
12 AM				
1 PM				
2 PM				
3 PM				
4 PM				
5 PM				
6 PM				
7 PM				
8 PM				
9 PM				
10 PM				

Subjects

1. _____
2. _____
3. _____
4. _____

Color Codes

- ◯ _____
- ◯ _____
- ◯ _____
- ◯ _____
- ◯ _____

Topics

- ☐ _____
- ☐ _____
- ☐ _____
- ☐ _____
- ☐ _____
- ☐ _____
- ☐ _____

Chapters

- ☐ _____
- ☐ _____
- ☐ _____
- ☐ _____
- ☐ _____
- ☐ _____

Semester: _____ Exam / Test _____

	00-15	15-30	30-45	45-00
6 AM				
7 AM				
8 AM				
9 AM				
10 AM				
11 AM				
12 AM				
1 PM				
2 PM				
3 PM				
4 PM				
5 PM				
6 PM				
7 PM				
8 PM				
9 PM				
10 PM				

Subjects

1. _____
2. _____
3. _____
4. _____

Color Codes

- ☐ _____
- ☐ _____
- ☐ _____
- ☐ _____
- ☐ _____

Topics

- ☐ _____
- ☐ _____
- ☐ _____
- ☐ _____
- ☐ _____
- ☐ _____
- ☐ _____

Chapters

- ☐ _____
- ☐ _____
- ☐ _____
- ☐ _____
- ☐ _____
- ☐ _____

Semester: _____ Exam / Test _____

	00-15	15-30	30-45	45-00
6 AM				
7 AM				
8 AM				
9 AM				
10 AM				
11 AM				
12 AM				
1 PM				
2 PM				
3 PM				
4 PM				
5 PM				
6 PM				
7 PM				
8 PM				
9 PM				
10 PM				

Subjects

1. _____
2. _____
3. _____
4. _____

Color Codes

☐ _____
☐ _____
☐ _____
☐ _____
☐ _____

Topics

☐ _____
☐ _____
☐ _____
☐ _____
☐ _____
☐ _____
☐ _____

Chapters

☐ _____
☐ _____
☐ _____
☐ _____
☐ _____
☐ _____

Semester: _____ Exam / Test _____

	00-15	15-30	30-45	45-00
6 AM				
7 AM				
8 AM				
9 AM				
10 AM				
11 AM				
12 AM				
1 PM				
2 PM				
3 PM				
4 PM				
5 PM				
6 PM				
7 PM				
8 PM				
9 PM				
10 PM				

Subjects

1. _____
2. _____
3. _____
4. _____

Color Codes

☐ _____
☐ _____
☐ _____
☐ _____
☐ _____

Topics

☐ _____
☐ _____
☐ _____
☐ _____
☐ _____
☐ _____
☐ _____

Chapters

☐ _____
☐ _____
☐ _____
☐ _____
☐ _____
☐ _____

	00-15	15-30	30-45	45-00
6 AM				
7 AM				
8 AM				
9 AM				
10 AM				
11 AM				
12 AM				
1 PM				
2 PM				
3 PM				
4 PM				
5 PM				
6 PM				
7 PM				
8 PM				
9 PM				
10 PM				

Subjects

1. _____
2. _____
3. _____
4. _____

Color Codes

☐ _____
☐ _____
☐ _____
☐ _____
☐ _____

Topics

☐ _____
☐ _____
☐ _____
☐ _____
☐ _____
☐ _____
☐ _____

Chapters

☐ _____
☐ _____
☐ _____
☐ _____
☐ _____
☐ _____

Semester: _____   Exam / Test _____

	00-15	15-30	30-45	45-00
6 AM				
7 AM				
8 AM				
9 AM				
10 AM				
11 AM				
12 AM				
1 PM				
2 PM				
3 PM				
4 PM				
5 PM				
6 PM				
7 PM				
8 PM				
9 PM				
10 PM				

Subjects

1. _____
2. _____
3. _____
4. _____

Color Codes

☐ _____
☐ _____
☐ _____
☐ _____
☐ _____

Topics

☐ _____
☐ _____
☐ _____
☐ _____
☐ _____
☐ _____
☐ _____

Chapters

☐ _____
☐ _____
☐ _____
☐ _____
☐ _____
☐ _____

Semester: _____ Exam / Test _____

	00-15	15-30	30-45	45-00
6 AM				
7 AM				
8 AM				
9 AM				
10 AM				
11 AM				
12 AM				
1 PM				
2 PM				
3 PM				
4 PM				
5 PM				
6 PM				
7 PM				
8 PM				
9 PM				
10 PM				

Subjects

1. _____
2. _____
3. _____
4. _____

Color Codes

☐ _____
☐ _____
☐ _____
☐ _____
☐ _____

Topics

☐ _____
☐ _____
☐ _____
☐ _____
☐ _____
☐ _____
☐ _____

Chapters

☐ _____
☐ _____
☐ _____
☐ _____
☐ _____
☐ _____

	00-15	15-30	30-45	45-00
6 AM				
7 AM				
8 AM				
9 AM				
10 AM				
11 AM				
12 AM				
1 PM				
2 PM				
3 PM				
4 PM				
5 PM				
6 PM				
7 PM				
8 PM				
9 PM				
10 PM				

Subjects

1. _____
2. _____
3. _____
4. _____

Color Codes

- ☐ _____
- ☐ _____
- ☐ _____
- ☐ _____
- ☐ _____

Topics

- ☐ _____
- ☐ _____
- ☐ _____
- ☐ _____
- ☐ _____
- ☐ _____
- ☐ _____

Chapters

- ☐ _____
- ☐ _____
- ☐ _____
- ☐ _____
- ☐ _____
- ☐ _____

	00-15	15-30	30-45	45-00
6 AM				
7 AM				
8 AM				
9 AM				
10 AM				
11 AM				
12 AM				
1 PM				
2 PM				
3 PM				
4 PM				
5 PM				
6 PM				
7 PM				
8 PM				
9 PM				
10 PM				

Subjects

1. _____
2. _____
3. _____
4. _____

Color Codes

- ⬚ _____
- ⬚ _____
- ⬚ _____
- ⬚ _____
- ⬚ _____

Topics

- ☐ _____
- ☐ _____
- ☐ _____
- ☐ _____
- ☐ _____
- ☐ _____
- ☐ _____

Chapters

- ☐ _____
- ☐ _____
- ☐ _____
- ☐ _____
- ☐ _____
- ☐ _____

Semester: _____   Exam / Test _____

	00-15	15-30	30-45	45-00
6 AM				
7 AM				
8 AM				
9 AM				
10 AM				
11 AM				
12 AM				
1 PM				
2 PM				
3 PM				
4 PM				
5 PM				
6 PM				
7 PM				
8 PM				
9 PM				
10 PM				

Subjects

1. _____
2. _____
3. _____
4. _____

Color Codes

☐ _____
☐ _____
☐ _____
☐ _____
☐ _____

Topics

☐ _____
☐ _____
☐ _____
☐ _____
☐ _____
☐ _____
☐ _____

Chapters

☐ _____
☐ _____
☐ _____
☐ _____
☐ _____
☐ _____

	00-15	15-30	30-45	45-00
6 AM				
7 AM				
8 AM				
9 AM				
10 AM				
11 AM				
12 AM				
1 PM				
2 PM				
3 PM				
4 PM				
5 PM				
6 PM				
7 PM				
8 PM				
9 PM				
10 PM				

Subjects

1. _____
2. _____
3. _____
4. _____

Color Codes

☐ _____
☐ _____
☐ _____
☐ _____
☐ _____

Topics

☐ _____
☐ _____
☐ _____
☐ _____
☐ _____
☐ _____

Chapters

☐ _____
☐ _____
☐ _____
☐ _____
☐ _____
☐ _____

Semester: _____ Exam / Test _____

	00-15	15-30	30-45	45-00
6 AM				
7 AM				
8 AM				
9 AM				
10 AM				
11 AM				
12 AM				
1 PM				
2 PM				
3 PM				
4 PM				
5 PM				
6 PM				
7 PM				
8 PM				
9 PM				
10 PM				

Subjects

1. _____
2. _____
3. _____
4. _____

Color Codes

☐ _____
☐ _____
☐ _____
☐ _____
☐ _____

Topics

☐ _____
☐ _____
☐ _____
☐ _____
☐ _____
☐ _____
☐ _____

Chapters

☐ _____
☐ _____
☐ _____
☐ _____
☐ _____
☐ _____

Semester: _____ Exam / Test _____

	00-15	15-30	30-45	45-00
6 AM				
7 AM				
8 AM				
9 AM				
10 AM				
11 AM				
12 AM				
1 PM				
2 PM				
3 PM				
4 PM				
5 PM				
6 PM				
7 PM				
8 PM				
9 PM				
10 PM				

Subjects

1. _____
2. _____
3. _____
4. _____

Color Codes

☐ _____
☐ _____
☐ _____
☐ _____
☐ _____

Topics

☐ _____
☐ _____
☐ _____
☐ _____
☐ _____
☐ _____
☐ _____

Chapters

☐ _____
☐ _____
☐ _____
☐ _____
☐ _____
☐ _____